Franz von Assisi

Franz von Assisi

Das Testament eines armen Mannes

Bildmeditationen von
Anton Rotzetter und Werinhard Einhorn

Herder Freiburg · Basel · Wien

Farbaufnahmen: Augusto Forcella, Rom

Gesamtherstellung: Freiburger Graphische Betriebe 1987
ISBN 3-451-21056-8

Einführung

„Guts lesen nutzt oft viel, Guts schreiben ist auch gut,
doch sind es Bilder nur, bis man's erfährt und tut.
Ich laß die Bilder da und mich ins Wesen wende,
mein Leser, tu es auch! Dies ist des Lesens Ende."
G. Tersteegen

Die meisten Bücher über Franz von Assisi beschränken sich auf das Wort. Sie sprechen den Verstand an und fordern ein intellektuelles Bemühen: Um zu verstehen, muß man nicht nur mit den Augen lesen, sondern von innen her und in die Tiefe hinein (intus legere). Auf diesem Weg vom Lesen zum Verstehen geht vieles verloren, wird vieles mißverstanden. Doch es gibt unmittelbare Wege zum Verstehen!
Ein solcher Weg geht über das *Bild.* Das Bild spricht eine andere Sprache. Farben und Formen finden den Weg unmittelbar zum Inneren des Menschen, sie zielen auf Erfahrung, auf das Leben. Man ist dann „im Bilde", gebildet, fähig zum Leben. Der Weg des Bildes ins Innere ist heute oft versperrt. Die Bilderflut, die durch die Illustrierten, den Film und das Fernsehen auf uns einstürmt, bringt das Bild allmählich um seine Wirkung. Doch Bild und Botschaft sind noch zu retten.
Die Bilder, die wir für dieses Buch ausgewählt haben, stammen aus dem Mittelalter, aus einer Handschrift des 15. Jahrhunderts. Die näheren historischen und ikonographischen Angaben werden im *Schlußteil* „Zu den Bildern" dargeboten. Unser Buch wendet sich an Menschen, die „ins Bild" gesetzt werden wollen: Meditierende, Betrachtende, Stille, Orientierung und Maß Suchende.
Den Bildern sind *Bildbeschreibungen* beigegeben. Sie wollen den Betrachter anleiten, genauer hinzuschauen, damit er die Sprache mittelalterlicher Bilder verstehen kann. Letztlich sollen die Bilder zur Betroffenheit führen, wie das ja Ziel jeder Meditation ist. Darum wird jeweils versucht, die Bilder zurückzulassen und in *meditativen Texten* ihre Aussage ins Wesen zu wenden, um das Wort von G. Tersteegen aufzunehmen. Hie und da beziehen sich diese Texte auf mehrere Bilder.
Die *Bilderfolge,* die wir hier anbieten, ist nicht die ursprüngliche. Die 46 Bilder sind eine Auswahl von insgesamt 184 Illustrationen zu einem berühmten Text, zum

„Großen Franziskusleben“ des heiligen Bonaventura (deutsch: Franziskus, Engel des sechsten Siegels, Franziskanische Quellenschriften 7, Werl/W. 1962). Damit ist gesagt, daß die Bilder bereits eine bestimmte Franziskusdeutung darstellen und nicht unbedingt den historischen Franziskus widerspiegeln. So ist Bild 35 vom gehorsamen Leichnam nicht in der Lebensgeschichte des heiligen Franz beheimatet, sondern in der frühchristlichen Aszese, die mit diesem Gleichnis den wahren Gehorsam vor Augen stellen wollte. Man hat dieses Gleichnis dann auch in die Geschichte des heiligen Franz hineinprojiziert. Mit Bild 17 verhält es sich ähnlich. Es stellt symbolisch dar, was Franziskus auf der historischen Ebene tatsächlich für die Kirche bedeutet: Er ist mit seinem Leben eine große Stütze der Kirche. Doch der Traum Innozenz' III. – hier auf Franziskus bezogen – wird in der Lebensgeschichte des heiligen Dominikus auch von diesem Heiligen erzählt. So gibt es viel „Wandergut“ in der Franziskusdeutung, das selbstverständlich auch in die Illustrationen hineinwirkte. Ganze Bilder oder einzelne Bildaussagen verdanken sich eher dieser Franziskusdeutung als dem historischen Franziskus selbst.
Eine solche Franziskusdeutung muß man von vornherein annehmen, wenn man bedenkt, daß Bonaventura dreißig Jahre nach dem Tod des heiligen Franz Generalminister, also höchster Ordensoberer, wird und als solcher die Aufgabe bekommt, das Franziskusbild auf verbindliche Weise festzuhalten. Vieles ist bis dahin geschehen: Der Orden hat sich entwickelt; die Ursprünge sind nicht mehr so klar; fremde Elemente sind in die Gestaltung des Ordens aufgenommen worden; fremdes Gedankengut ist in das Selbstbewußtsein der Franziskaner eingeflossen. Es ist hier nicht der Ort, dies alles im einzelnen aufzuzählen und die schwierige Aufgabe zu beschreiben, vor der der heilige Bonaventura stand. Es genügt, wenn wir vor Augen haben, daß sein Franziskusleben eine großartige theologische Schau darstellt, aber nicht unbedingt in allem den historischen Franziskus vermittelt.
Wir zogen es darum vor, den Bilderschmuck einer Bonaventura-Handschrift einem Text zuzuordnen, der dem historischen Franziskus nicht nur näher steht, sondern den er selbst verfaßte, dem *Testament des heiligen Franz.*
Schon einmal wurde dieser Text in den letzten Jahren Grundlage eines Buches (E. Hug – A. Rotzetter [Hrsg.], Franz von Assisi. Gotteserfahrung und Weg in die Welt, Olten ²1984; Taschenbuchausgabe: Franz von Assisi: Arm mit den Armen, München 1987). Es hat sich dort gezeigt, wie fruchtbar es sein kann, diese „Medita-

tion des eigenen Lebens", wie man das Testament charakterisieren könnte, mit anderen frühen Quellen zu deuten. Ebenso sinnvoll und anregend kann es sein, diesem Text Bilder zuzuordnen.

Wie bereits gesagt, ist das Testament ein Rückblick des heiligen Franz auf das eigene Leben. Franziskus erinnert 1226, kurz vor seinem Sterben, seine Brüder daran, wie es „am Anfang" war und wie es „im Prinzip" auch heute noch sein müßte.

Selbstverständlich kann hier jetzt nicht wiederholt werden, was der Inhalt des ebengenannten Buches ist. Hier soll nur unterstrichen werden: Man kann im Testament einen mehr biographischen und einen mehr programmatischen Teil unterscheiden.

Der mehr biographische Teil erinnert an die Begegnung mit dem Aussätzigen und an die konstitutive Bedeutung, die dieser Begegnung für das franziskanische Leben zukommt. Franziskus findet den Anfang seines neuen Lebens nicht in einem „sakralen" Kontext, nicht beim Lesen des Evangeliums oder beim Hören einer Predigt, sondern in einer sehr „profanen" Situation, im himmelschreienden Elend der Aussätzigen.

Das Testament geht von dieser grundlegenden Begegnung aus und deutet von daher die „sakralen Realien" (Kirche, Kreuz, Priester, Eucharistie, Theologen, Heilige Schrift) neu. Man kann diesen Vorgang mit einem Ausdruck kennzeichnen, der in den romanischen Ländern schon eine große Tradition hat: „re-lecture". Was man schon kennt und bereits häufig gehört und gelesen hat, wird noch einmal gelesen, diesmal aber von einem neugewonnenen Standpunkt aus. Für Franziskus ist dieser Standpunkt die soziale Situation der Aussätzigen und Armen. So wird alles zum „Kleid der Demut Gottes", einem Ort, an dem Gott verborgen gegenwärtig, vielleicht verachtet und gekreuzigt ist.

– Die zerfallende Kirche (von San Damiano) ist das Haus Gottes und darum ein Ort, dem eine Art Urvertrauen geziemt. Das oft schmutzige und leerstehende Gebäude läßt das zerschundene Antlitz Jesu sichtbar werden. Die Kirchen bleiben trotz allem der Ort, an dem sich das Herz zur universalen Weite öffnen muß.

– Sehr eindrücklich zeigt sich diese „re-lecture" im Kreuzbild von San Damiano. Franziskus kniet – vom historischen Standpunkt aus betrachtet – vor dem lichtüberschütteten, herrlichen, auferstandenen Herrn. Was er aber sieht – existenziell-subjektiv –, ist der leidende Christus, an dem sich sein Mitleiden und seine Liebe entzünden. Gott ist nur dann der herrliche Gott, wenn man ihn entdeckt in der Gestalt des Gekreuzigten. Er ist Gott nur als Leidender unter Leidenden, als aus der

Stadt Ausgestoßener und Ausgesetzter: Christus und die Aussätzigen sind einander zum Verwechseln ähnlich.

– Die Priester mögen noch so korrupt, dumm, gewalttätig, der Welt verhaftet sein – sie sind für Franziskus Christusträger, der demütige Weg, auf dem Gott zu den Menschen kommt.

– Das eucharistische Brot ist zwar nur eine „Winzigkeit“, oft verachtet und verkannt, aber eben dennoch das, was Gott auserwählt hat, um als demütiger Gott unter den Menschen zu sein.

– Das Wort der Heiligen Schrift oder auch der profanen Literatur mag noch so sehr in den Schmutz geraten – es bleibt das Wort, aus dem die Botschaft Gottes zu uns kommt; es sind die Buchstaben, mit denen man den Namen Jesu stammeln kann.

– Das Evangelium ist nicht einfach ein Text unter vielen, es wird für Franziskus in der Portiunkula-Kapelle zum Evangelium für die Armen, ein Evangelium, das man nur als Armer verstehen und verkünden kann. Franziskus weiß, daß das Evangelium dem reichen Jüngling (Mk 10) alles abverlangt zugunsten der Armen.

So ist Franziskus wieder zum Ausgangspunkt zurückgekehrt: Zur Begegnung mit den Aussätzigen. Die Aussätzigen und Armen sind so etwas wie die Klammer, in der die kirchlichen Wirklichkeiten in einer neuen Perspektive erscheinen. Mit dieser neuen Perspektive geht Franziskus zum Papst und bittet ihn um Bestätigung der „einfachen, schlichten“ Regelworte, wie es im Testament heißt, um die neu entdeckte Lebensweise in die Kirche einzubringen. – Man sieht: Franziskus erhebt seine Lebensgeschichte zum Programm für andere, so sehr, daß er nun in einem zweiten Teil noch ausführlicher dieses Programm beschreibt:

– Innere und äußere Solidarität mit den Armen: Der Bruch mit der Lebensweise der Stadt, Besitzlosigkeit, das Kleid der Armen.

– Das kirchliche Stundengebet, womit gesagt ist, daß es nicht um eine rein soziale Solidarität geht, sondern um eine Solidarität vor Gott, um kirchliche Solidarität, die immer beides ist: Zuwendung zu Gott und Zuwendung zu den Armen.

– Schwere körperliche Arbeit: Lohnarbeit, Stundenarbeit, eine Arbeit, die gesellschaftlich oft zum reinen Marktartikel reduziert wird, ohne die menschlichen Aspekte zu berücksichtigen. Hier sei noch besonders auf die leidenschaftliche Sprache hingewiesen, mit der Franziskus die solidarische Verbundenheit mit dem Schwerstarbeiter betont.

– Als Konsequenz daraus: die Bettelarmut, die das Los derer teilt, denen man den gerechten Lohn verweigert.
– Mühen um den Frieden: Hier kommt ein Aspekt hinzu, der nicht notwendig mit der Armutsbewegung zusammenhängt, außer man erinnerte sich an die Aussendungsrede (Mt 10), die ein Grundlagentext für Franziskus geworden ist. Darin ist das Mühen um den Frieden eng mit dem Evangelium für die Armen verbunden.
– Ungesichertes Leben in Häusern, die das Provisorium unserer irdischen Existenz zum Ausdruck bringen sollen.
– Verzicht auf alle Privilegien in Kirche und Gesellschaft und Ablehnung kirchlicher und gesellschaftlicher Vereinnahmung.
– Bedingungsloses Stehen in einer Brüdergemeinschaft. Ein anderes Wort dafür ist bei Franziskus „Gehorsam“. Allerdings hat er in anderen, früheren Schriften den Gehorsam ein wenig anders verstanden. Gemeint war dort noch ein „horizontaler Gehorsam“ (T. Desbonnets): gegenseitiges Einfühlen und Dienen, Verfügbarkeit. Hier handelt es sich um einen „vertikalen Gehorsam“, um ein Verhältnis von unten nach oben. Von daher werden Bilder und Anweisungen verständlich, die uns fremd geworden sind. So heißt es zum Beispiel, daß Franziskus „in den Händen seines Guardians gefangen“ sein will. Dieses Bild entstammt dem profanen Ritual der Feudalgesellschaft, in dem ein untergebener Diener seinem Herrn Treue und Gehorsam versprach. Noch weniger Verständnis haben wir für die im Testament angedrohten Strafmaßnahmen, die selbst damals nur beschränkt realisiert werden konnten. Zusammen mit anderen Indizien dürfen wir aus diesem Sachverhalt schließen, daß Franziskus das Testament in einem Zustand der Erregung geschrieben hat.
– Disziplinäre und doktrinäre Rückbindung an die Kirche. Offenbar hat gerade dieser Aspekt die eben genannte leidenschaftliche Sprache bewirkt. Denn Franziskus will mit seiner Gemeinschaft in keiner Weise in den Geruch der Häresie geraten.
– Einfaches, unkompliziertes, aber radikales Verständnis der Heiligen Schrift und der Regel; Verzicht auf Kommentierung, die sich durch viele Unterscheidungen und Erklärungen vom eigentlichen Inhalt entfernt und vor den Konsequenzen davonschleicht. Franziskus geht es nicht um schöne Theorien, sondern um die Praxis des Evangeliums.
Diese Angaben mögen genügen. Mit ihrer Hilfe wird man den Text des Testamentes verstehen können. Damit dieser Text im Zusammenhang lesbar bleibt, erscheint er

für sich unter den Überschriften der einzelnen Abschnitte und wird durch Anführungszeichen hervorgehoben.

Die Übersetzung des Testamentes geht auf E. Hug und A. Rotzetter zurück, allerdings nun schon in einer vierten Fassung, welche die wissenschaftliche Kritik berücksichtigt, die die beiden vorausliegenden Fassungen gefunden haben (1. Franz von Assisi, Die Demut Gottes. Meditationen, Lieder, Gebet, Zürich [4]1986; 2. u. 3. das bereits erwähnte Buch und seine Taschenbuchausgabe).

Die Bilder wurden zur Illustration des Testamentes in eine neue Reihenfolge gebracht. Das wird deutlich, wenn Bilder aus einer späteren Zeit am Anfang stehen oder umgekehrt. So ist das Bild 1 einer Zeit zugehörig, in der Franziskus schon das Kleid der Armen trägt. Der Text des Testamentes aber spricht von einem Ereignis, das noch vorher angesiedelt ist. Gerade so aber wird deutlich: Es geht uns nicht so sehr um die Illustration eines historisch verbürgten Lebenslaufes in chronologischer Folge, als vielmehr um eine spirituelle Deutung. Was Franziskus in einem geschichtlichen Augenblick erfuhr, bestimmte ihn ein Leben lang.

Damit der Leser den ursprünglichen Ort der Bilder in Bonaventuras Großem Franziskusleben leichter finden kann, geben wir nach den einzelnen Bildbeschreibungen die notwendigen Hinweise auf Kapitel und Abschnitt bei Bonaventura.

Wir haben uns um Verständnis und Deutung von Wort und Bild gemeinsam bemüht. Trotzdem bleibt jeder für seinen Kompetenzbereich verantwortlich: Anton Rotzetter für Übersetzung und Deutung des Testamentes sowie für die Meditationen; Werinhard Einhorn für die historisch-ikonographische Untersuchung der Miniaturen sowie für die Bildbeschreibungen.

Unser besonderer Dank gilt P. Servus Gieben OFMCap., Museo Francescano, Rom; er gestattete die Wiedergabe der Miniaturen und gab weiterführende Hinweise. Den Mitbrüdern des Historischen Instituts der Kapuziner im gleichen Hause danken wir für die Gastfreundschaft während des Studiums der Handschrift. Ein besonders herzlicher Dank gebührt dem Verlag Herder für die spontane Zustimmung zu unserem Werk und die sorgfältige Drucklegung.

Schwyz und Osnabrück
im Mai 1987

Anton Rotzetter, Kapuziner
Werinhard Einhorn, Franziskaner

Inhalt

Vom Herrn gegeben

„So gab der Herr mir, dem Bruder Franziskus, mit Taten der Buße zu beginnen.“

1 Eine Stimme vom Himmel schenkt Franziskus Klarheit über seinen Weg

In kargem, felsigem Gelände kniet Franziskus, bereits im Kleid der Armen, den Kopf erhoben und der Hand Gottes zugewandt, die aus einem Wolkenband segnend auf ihn weist. Der Heilige hat seine Hände wie zum Gebet aneinandergelegt und hält sie der Gotteshand entgegen. So boten die Lehnsmänner des Mittelalters ihre Hände dar, wenn sie ihrem Herrn die Treue schworen. | IV, 11 |

Knien
Den Blick nach oben richten
Die Hände darbieten
Dem leben, der jeden Rahmen sprengt
Hören
Sich öffnen
Vom Geheimnis leben

Knien
Um die eigene Gebrochenheit wissen
Hineinknien in die Erde
In unser zerbrechliches Wesen hineinfallen

Knien
Und hinaufstreben zum Himmel
Sich dem Sog der Ganzheit übergeben
Sich übereignen
Der Liebe gehören wollen
Gehorsam in allem

Knien
Den Ort suchen
        an dem wir stehen können
Den Weg weisen lassen
        den wir gehen müssen

Immer wieder
wird der Rahmen des Lebens gesprengt
Die Welt ist viel größer
als wir denken
Die Grenze nicht da, wo wir meinen

Immer wieder
bricht Unerwartetes
in den überblickbaren Raum

Immer wieder
braucht es eine Hand
die aus dem gewohnten Rahmen
herauslockt

Immer wieder
müssen wir in die Knie sinken
uns öffnen für das Wort
das von außen kommt
oder
aus der Tiefe
die uns unzugänglich ist

Ausgesetzt

„Als ich voller Sünde war, erschien es mir widerlich und bitter, Aussätzige zu sehen. Der Herr führte mich unter sie, und ich handelte barmherzig an ihnen. Als ich von ihnen wegging, wurde in Süßigkeit für Seele und Leib verwandelt, was mir vorher bitter erschienen war."

2 Franziskus auf Beizjagd in der Ebene von Assisi

Franziskus hoch zu Roß, auf dem Wege zum Grafen von Apulien, in dessen Dienst er ritterliche Ehren erringen will. Das Reittier strebt im Bild nach rechts, erhoffter großer Zukunft entgegen, die sich im Palast des Grafen ankündigt. Zeichen seines rittergleichen Standes sind Jagdhund und Falke und die Gefolgschaft eines jungen Mannes.

| I, 3 |

3 Franziskus küßt einen Aussätzigen

Von rechts aber tritt nicht ein Graf, sondern ein barfüßiger Aussätziger mit Stab und Tasche in zerschlissenem Beinkleid auf ihn zu. Franziskus legt die Linke auf seine Schulter, reicht ihm eine Münze. Noch zögert der Vornehme, aber einen Augenblick später wird er die entstellten Wangen küssen. Das reiterlose Pferd wiederholt mit tiefgeneigtem Hals die Demutsgebärde seines Herrn. | I, 5 |

Jemand sein wollen
Hoch zu Roß reiten
In der Mitte stehen
Sich eine Beizjagd oder
ein anderes teures Hobby leisten
Rechnen können

Karriere machen
Den Vorstellungen
der Gesellschaft entsprechen

Ist ein solcher Jemand
nicht niemand?

Jemand sein heißt:
Vom hohen Roß heruntersteigen
An den Rand gehen
Mit anderen teilen
Vor dem Elend
innerlich erzittern

Einen Aussätzigen küssen
Solidarisch leben
Ausgetretene Wege verlassen

Niemand sein müssen
An einem Stock gehen
Ausgestoßen sein

Nichts haben
Auf niemanden zählen können

Geopfert werden
Die Verachtung
der Gesellschaft spüren

Ist ein solcher Niemand
nicht jemand?

Jemand werden heißt:
Auf gleicher Ebene stehen dürfen
Beachtung finden
Anteil haben
Im Elend
ein Herz finden

Einen Kuß erwidern
Gemeinschaft erfahren
Einen Weggenossen haben

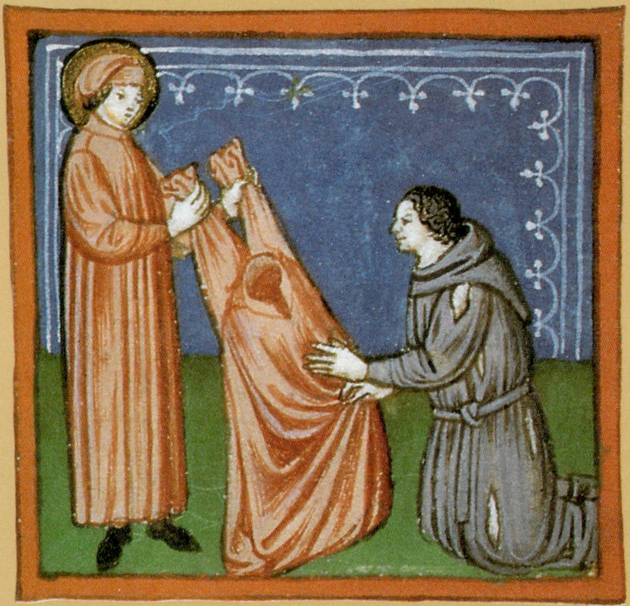

4 Franziskus schenkt sein Gewand einem armen Ritter

Ein edler, doch verarmter Ritter kniet als Bittsteller vor dem reichen Kaufmannssohn. Sein Gewand ist zerschlissen, grau und unansehnlich wie das Kleid der Armen und Aussätzigen vor der Stadt. Franziskus reicht ihm sein Obergewand. Bald wird er selbst das Kleid der Armen tragen. | I, 2 |

5 Franziskus pflegt Kranke und Aussätzige

Schon kniet er vor Aussätzigen unter dem Schutzdach des Leprosenhauses, ihnen die Füße zu waschen; fast wie einer, der die Menschen mit den entstellten Gesichtern bittet, seinen Liebesdienst anzunehmen. | I,6 |

Kultur der Barmherzigkeit!
Nicht an der Not vorbeischauen
Sich im Innern treffen lassen
Bis in die Eingeweide hinein durcheinandergeraten
Das Herz die Maßstäbe setzen lassen

Das Herz fragt nicht
nach Leistung und Lohn
nach Verdienst und Verheißung
nach einem zukünftigen Himmel

Wenn das Herz die Maßstäbe setzt
kommt der Himmel auf die Erde
glückt das Leben
ergießt sich alle Süßigkeit über Seele und Leib

Seine Kleider hergeben
Nackte bekleiden
Einen Gebeugten aufrichten
und der Himmel kommt auf die Erde

Sich vor Kranken niederknien
Aussätzigen die Füße waschen
Sich vor Ansteckung nicht fürchten
und das Leben glückt

Das Opfer nicht scheuen
Die Selbstüberwindung wagen

Kultur der Barmherzigkeit
und alle Süßigkeit ergießt sich über Seele und Leib

Kultur der Barmherzigkeit!
Die Not wenden
Sich bis aufs Äußerste einsetzen
Bis in die Fingerspitzen hinaus lieben
Handeln nach den Gesetzen Gottes

Gott setzt auf die Schwachen und Kranken
Wird einer von ihnen

Gott setzt auf die Obdachlosen und Flüchtlinge
Wird einer von ihnen

Gott setzt auf die Hungrigen und Durstigen
Wird einer von ihnen

Gott setzt auf die Gefangenen und Gefolterten
Wird einer von ihnen

Gott setzt auf die Beraubten und Nackten
Wird einer von ihnen

Gott setzt auf die Geopferten und Toten
Wird einer von ihnen

Kultur der Barmherzigkeit!
Hoffnung, die aus dem Herzen kommt

Die Welt verlassen

„Nur kurze Zeit blieb ich und zog dann aus dieser Welt.“

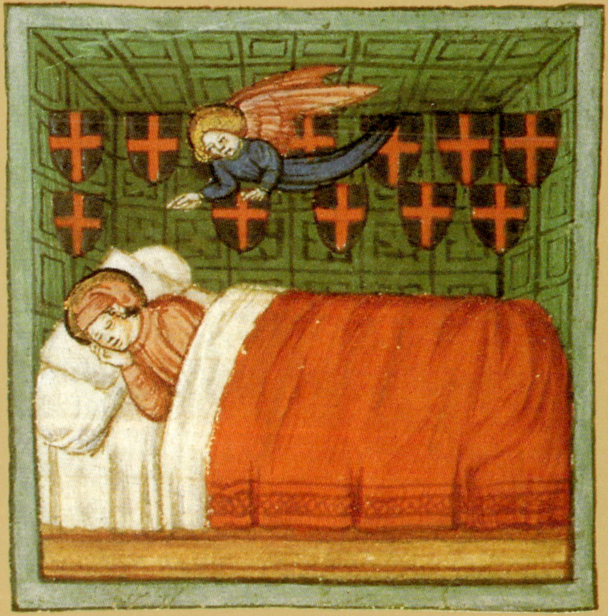

6 Franziskus sieht im Traum einen Palast voller Waffen

Franziskus schläft zur Nachtzeit in getäfeltem Gemach in noblem Bett, den Kopf auf seine Rechte gelegt. Der Maler ließ ihm das Untergewand und als Kopfbedeckung die Gugel, eine kapuzenartige Mütze, als wollte er ihn sogleich aufstehen lassen, einem Traumgesicht zu folgen: Ein Engel weist ihm kreuzgezierte Schilde als Zeichen himmlischen Lohns, wenn er des wahren Königs Ritter werde. Doch der Kaufmann sieht darin einen Fingerzeig, sich in ritterlichem Dienst in das Getümmel der Welt zu wagen. | I, 3 |

7 Franziskus wird von Räubern geschlagen

Als er sich von seinem Vater losgesagt hat und französische Loblieder singend durch die Wälder zieht, fällt er unter die Räuber. Harmlos sehen die drei Gestalten aus, aber Knie und Knüttel und Faust haben den Ahnungslosen zu Boden geworfen. Abgedrängt in eine Ecke, soll der Narr von der Bildfläche verschwinden. Sein erhobener Kopf und seine Hände aber bekennen freudig, daß er im Dienst des armen Königs Christus stehe. | II, 5 |

Nach der Begegnung mit dem Aussätzigen
Innehalten
Im Erkannten verweilen
Mit der neuen Erfahrung schwangergehen
Kurze Zeit darin bleiben
Alles überschlafen
Die Zukunft erträumen
Von einem Engel besucht werden
Sich einen neuen Weg weisen lassen

Und ihn dann gehen
Aus der Stadt ausziehen
Der Gesellschaft den Rücken kehren
Verlacht, verhöhnt, verspottet
Überfallen, geschlagen
in den Schmutz gezogen werden
und dennoch beharrlich auf dem Weg bleiben

Gebet in Einfalt

„Der Herr gab mir soviel Vertrauen in den Kirchen, daß ich einfach bete und sage: Wir beten dich an, Herr Jesus Christus – und im Blick auf all deine Kirchen in der ganzen Welt. Wir segnen dich. Denn durch dein heiliges Kreuz hast du die Welt erlöst."

8 Franziskus hört in San Damiano die Stimme des Gekreuzigten

In der Kirche San Damiano am Rande von Assisi kniet der junge Suchende vor einem Kreuzbild, Blick und Hände auf den Gekreuzigten gerichtet, die Haare nur von einer Kappe zusammengehalten, ganz gesammelt in der eng umschließenden Architektur des Kirchenraums. Altar und Kreuz stehen wie beiseitegerückt im abgetrennten Chorraum: ein Zeichen, daß Altersschäden den Bau zerrissen haben. Franziskus hört die Stimme des Gekreuzigten: „Geh hin und stelle mein Haus wieder her!" | II, 1 |

9 Franziskus stellt die Kirche des heiligen Damian wieder her

Da trägt er Steine die Leiter hinauf, Freunde greifen zu Schaufel und Kelle, und die zerbrochenen Mauern schließen sich. Der heilige Arzt Damian mit dem Salbengefäß steht wie eine Säulenfigur an der Kirchenwand und segnet das Beginnen. | II,7 |

Ein Haus suchen
in dem die ganze Welt zu Hause ist

Einen Ort finden
und glauben
Niederknien
und anbeten

Sein Herz an Christus binden
und doch von den Geschöpfen sich nicht lösen

Das Kreuz anschauen
und darin alle Aussätzigen der Welt entdecken

Die Augen des Gekreuzigten aushalten
und darin alles Leiden der Welt gespiegelt sehen

Ein Geheimnis erahnen
eine Stimme hören und ihr gehorchen
einem Auftrag folgen

Arbeiten
daß alle ein Dach über dem Kopf haben

Sich mühen
daß alle im gleichen Haus geborgen sind
die Armen, Geschundenen, Verfemten
die Aussätzigen, Kranken, Leidenden
alle
auch ich

Die Kirche lieben

„Dann gab mir der Herr und gibt mir immer noch in die Priester, die nach der Form der heiligen Römischen Kirche leben, so großes Vertrauen, und zwar aufgrund ihrer Weihe. Wenn sie mich auch verfolgten, ich würde trotzdem bei ihnen Zuflucht nehmen wollen. Wäre ich so weise wie Salomo und fände ich in den Gemeinden, in denen sie leben, armselige, der Welt verhaftete Priester, ich wollte nicht gegen ihren Willen predigen. Diese und alle anderen will ich fürchten, lieben und ehren wie meine Herren. Ich will in ihnen nicht die Sünde beachten, weil ich (zwischen ihrer Sünde und) dem Sohn Gottes unterscheide. Und sie sind meine Herren.“

10 Franziskus hört das Wort von der Aussendung der Apostel

Vor dem Marienheiligtum Portiunkula steht Franziskus, aufmerksam und konzentriert, und hört den Priester unter dem Baldachin des Altars das Evangelienwort verkünden, der Gesandte Gottes müsse in vollkommener Armut, ohne Gold und Silber, ohne Tasche, Schuhe und Stab dem armen Christus folgen. Nach der Feier legt der Priester, nun im Gewand des Weltgeistlichen, ihm die Worte aus. Des Priesters Wort öffnet ihm die Tür zur Erkenntnis: „Das ist es, was ich von ganzem Herzen suche.“ | III, 1 |

11 Der Bischof von Imola gibt die Erlaubnis zur Predigt

Selber das Wort der Frohen Botschaft weiterzusagen, will Franziskus sich vom Oberhirten die Vollmacht geben lassen. Doch der Bischof antwortet gereizt, es genüge, wenn er selbst dem Volke predige. Gesenkten Hauptes verläßt Franziskus das Haus, aber nach knapper Stunde sehen wir zwei Brüder wieder vor dem Bischof knien und die Sendung empfangen. Ein Kleriker und die sparsame Kulisse der Kathedralkirche flankieren den Bischof zum Zeichen geistlicher Macht. | VI, 8 |

Gott im Fleisch ertasten
Mit ihm rechnen in der Geschichte der Menschen

Gott im Kleid der Demut entdecken
dort, wo man die Nase rümpft
im Aussätzigen, der stinkt
in allem, was unansehnlich ist

in der Kirche
die oft mehr Hure als Braut ist

im Priester
auch im dummen, geizigen, herrschsüchtigen

im Bischof
auch im machthungrigen, unbelehrbaren, überheblichen

Gott im Fleisch ertasten
Ihn im Kleid der Demut erkennen
Unterscheiden zwischen Jesus Christus
und dem Kleid, das er trägt
zwischen Ihm selbst
und der Geschichte
in die er eingegangen ist

Sakrament und Wort

„Dies tue ich, weil ich in dieser Welt von dem höchsten Sohn Gottes nichts leiblich sehe außer seinem heiligsten Leib und seinem heiligsten Blut. Sie empfangen es, und sie allein reichen es weiter. Ich will, daß dieses heiligste Geheimnis über alles verherrlicht, angebetet und an kostbaren Orten aufbewahrt wird.

Seine heiligsten Namen und Worte, die niedergeschrieben sind und die ich an unerlaubten Orten finde, will ich sammeln. Ich bitte, daß sie gesammelt und an ehrenvollen Orten hingelegt werden.

Alle Theologen und Diener am heiligsten göttlichen Wort müssen wir hochachten und ehren. Sie spenden uns Geist und Leben."

12 In der Kirche des heiligen Nikolaus erfahren Franziskus und Bruder Bernhard im Wort der Schrift die Bestätigung ihres Lebens in vollkommener Christusnachfolge

Franziskus und der erste Gefährte des Heiligen, Bruder Bernhard von Quintavalle, halten kniend das Evangelienbuch, aus dem Gott selbst zu ihnen spricht: „Wer mir nachfolgen will, verleugne sich selbst; er nehme sein Kreuz auf sich und folge mir nach.“ Ein goldenes Kreuz steht auf dem Altar, den Säulen und Gebälk wie unter einem Schutzdach bergen: Zeichen des eucharistischen Mysteriums. Der Maler hat in deutlich gliedernder Komposition dem Wort und dem Sakrament je eine Hälfte des Bildes zugewiesen. | III, 3 |

13 Franziskus löst schwierige Fragen, die ihm ein Gottesgelehrter in Siena vorlegt.

Wort und Sakrament sind die Quellen, aus denen der Einfältige im Armenkleid höhere Weisheit schöpft als ein Gottesgelehrter in Siena mit Doktorhut und Hermelin. | XI, 2 |

Nichts
Nichts von Gott
        sehen und greifen können
Nichts von ihm
        hören und spüren dürfen
NUR JESUS CHRISTUS

NUR JESUS CHRISTUS
Seine Gestalt anschauen
Seine Gedanken erahnen
Sein Wort hören
Seine Taten bewundern
Sein Leben teilen
Sein Brot essen
Seinen Wein trinken

JESUS CHRISTUS
hier und heute leben
        und tun
und so Auskunft geben können
        über das Geheimnis des Lebens

Das Evangelium leben

„Nachdem der Herr mir Brüder gegeben hatte, zeigte mir kein Mensch, wie ich leben sollte, sondern der Höchste selbst offenbarte mir, daß ich nach der Form des heiligen Evangeliums leben müsse."

14 Bruder Silvester und Schwester Clara beten um Erleuchtung für den Weg des Franziskus in evangelischer Vollkommenheit

In der Einsamkeit des La Verna bittet Franziskus Bruder Silvester und Schwester Clara, mit ihm um Klarheit über seinen weiteren Weg zu beten: „Soll ich nur dem Gebet leben oder als Prediger umherziehen?“ Ratlosigkeit verlegt ihm den Weg wie der Felsenkegel in der Mitte des Bildes. So knien Bruder und Schwestern nieder und erbeten die Antwort, die Franziskus selbst in diese Worte kleidet: „Weil der eingeborene Sohn Gottes auf die Erde herabstieg, um durch sein Beispiel die Welt zu unterweisen, scheint es mir Gott wohlgefälliger zu sein, wenn ich die Gebetsruhe unterbreche und in die Welt gehe, um dort tätig zu sein.“ Und schon steht er mit Bruder Silvester und dem Evangelienbuch bereit, den eng umschriebenen Raum der Einsamkeit zu verlassen. | XII, 1/2 |

15 Geistliche und Menschen, die an Beruf und Ehe gebunden bleiben wollen, finden zu Christus im „Orden der Buße“

Den Aufbruch wagen wie die Schwestern Claras auch Geistliche und Menschen aller Stände. Sie knien vor Mariens Altar in Portiunkula und reichen Franziskus die Hände dar, um sich so an den Lehnsherrn Christus zu binden. | IV, 6 |

Warten
Denn Brüder und Schwestern werden geschenkt

Sich gedulden
Denn kein Mensch weiß Rat

Beten
Denn die Antworten kommen vom Himmel

Knien
Denn allein Gott zählt

Sich öffnen
Denn vielleicht nur das ganz Andere ist angemessen

Empfangen
Denn das Wesentliche kann nicht erzwungen werden

Ja sagen zur Einfalt

„Ich ließ es in wenigen einfachen Worten aufschreiben,
und der Herr Papst bestätigte es mir.“

16 Franziskus erzählt Papst Innozenz III.
das Gleichnis vom reichen König und der armen Frau

Ein *Gleichnis* und ein *Traum* bewegen Papst Innozenz III., die kürzeste Regel zu bestätigen, die wir kennen: „Regel und Lebensnorm der Minderen Brüder ist dies: Unseres Herrn Jesu Christi heiliges Evangelium zu beobachten durch ein Leben in Gehorsam, ohne Eigentum und in Keuschheit." Das *Gleichnis,* das der Kniende erzählt: „Ein reicher König vermählte sich prunkvoll mit einer schönen, aber armen Frau, und sie schenkte ihm Kinder, die die Züge ihres königlichen Vaters trugen und deshalb an seinem Tisch ernährt wurden. So werden auch die Kinder des ewigen Königs nicht vor Hunger umkommen, die von der armen Mutter durch die Kraft des Heiligen Geistes nach dem Bild des Königs Christus geboren sind und die durch den Geist der Armut in unserem armen Orden noch geboren werden." | III, 10 |

17 Der Papst sieht im Traum, wie Franziskus die zusammenbrechende Laterankirche stützt

Und hier der *Traum,* den der Schlafende im Kastenraum des Papstpalastes schaut, bewacht von seinen Kammerherren: Im Mauerwerk der Lateranbasilika zeigen sich Risse, aber der arme, bescheidene und verachtete Mann Franziskus stützt das Gebälk mit Schulter und Händen. | III, 10 |

Es genügt nicht
auf dem Thron zu sitzen
Man muß auch
zuhören können und Visionen haben

Es genügt nicht
die Kirche zu leiten
Man muß auch
offen sein und andere handeln lassen
um die Kirche zu erneuern

Man muß nicht
viele Worte machen
Man braucht bloß
das Evangelium leben

Man muß nicht
komplizierte Ideen vortragen
Man braucht bloß
ein einfaches Herz haben
um die Mächtigen zu überzeugen

Das Kleid der Armen

„Viele kamen, um das Leben zu empfangen. Sie gaben alles, was sie gerade hatten, den Armen. Sie waren zufrieden mit einer einzigen Kutte, innen und außen geflickt, mit einem Strick und den Hosen. Mehr wollten wir nicht besitzen.“

18 Franziskus hat die weltlichen Gewänder abgelegt und das Kleid der Armen von Assisi angezogen

In demütigem Selbstbewußtsein steht der Heilige aufrecht und schließt den Strick um sein neues Gewand, ganz auf sich gestellt am Beginn eines neuen Weges, den Blick wach in die Zukunft gerichtet. Gewand, Gürtel und Gugel, Schuhe, Tasche und Stab läßt er hinter sich in felsiger Landschaft. Die Gelübde des Gehorsams, der Armut und der ehelosen Liebe zu Gott und den Menschen werden seinen Weg bestimmen. Eine spätere Zeit wird die drei Knoten als die drei Gelübde deuten. | III, 1 |

Das Gehabe der Reichen ablegen
Sich abwenden vom Grundsatz
        Kleider machen Leute
Nichts mehr zu tun haben wollen
        mit Karriere und Prestige
        mit Profilierungssucht und Dünkel
Sich distanzieren
        von Schein und Trug
        von Selbstgefälligkeit und falschem Glanz
Brechen mit dem Gedanken
        alles kaufen zu können
        alles haben zu müssen
Verzichten auf die Mittel
        über andere zu bestimmen
        andere unterwerfen zu können
Weggehen aus der Welt
        von Besitz und Eigentum
        von falschen Leitbildern
Nicht Abgrenzung suchen
        sondern Gemeinschaft

Und das Kleid der Armen tragen
Sich zu den Armen zählen
    ihre Gedanken haben
    ihre Gefühle hegen
    ihre Not erleiden
    ihre Verzweiflung teilen
    ihre Unsicherheit durchstehen
    mit ihren Augen sehen und urteilen
    von ihrem Standpunkt aus
        zu neuen Deutungen kommen und
        das Evangelium neu verstehen lernen

Bei den Armen einen neuen Glauben finden
    die Kraft Gottes erflehen
    das Keimen einer neuen Hoffnung erleben
    die Macht der Liebe erfahren

Und alles wird neu

Lob Gottes

„Wir beteten das Stundengebet, die Kleriker wie andere Kleriker, die Laienbrüder das Vaterunser. Wir hielten uns sehr gern in den Kirchen auf. Wir waren ungebildet und allen untertan.“

19 Im Gebiet von Venedig regen die Vögel den Heiligen an, mit einem Bruder das Stundengebet zu sprechen

Wieder ist es ein Buch, das die Brüder gemeinsam halten und das sie im Gebet verbindet: das Stundenbuch. Das Flattern und Singen der Vögel auf schlanken Bäumen erinnert sie daran, daß es Zeit ist, den Schöpfer zu loben. Die Brüder treten mitten unter die Gefiederten, werden Partner dieser kleinen Geschöpfe, in die gleichen schlichten Farben gekleidet wie sie. Diese verstehen das Zeichen der Zuneigung, fliegen nicht davon, schweigen auf Bitten des Heiligen, bis ihre geringen Brüder das Lob beendet haben. | VIII, 9 |

Durch die Natur gehen
    und sich mit ihr eins wissen
Die Vögel das Lob Gottes singen hören
    und sich mit ihnen vereinen
Die Vielfalt der Blumen bestaunen
    und den guten Gott preisen
Dem Wind lauschen
    und seinen Bewegungen folgen
Die Spuren der Schöpfung entdecken
    und in ihnen zu Gott gelangen
Das Wasser hinabfließen sehen
    und seine Demut nachahmen
In allen Menschen Gottes Bild schauen
    und ihnen von Herzen dienen
Sich im Rhythmus des Tages bewegen
    und mit der Kirche beten.

Im Bild sein
    und aus dem Rahmen fallen
    wie die Vögel

Nahe sein
    und das Weite suchen
    wie die Vögel

Auf der Erde hüpfen
    und in die Höhe fliegen
    wie die Vögel

Vermitteln wie die Vögel
    zwischen Mensch und Mensch
    zwischen Himmel und Erde
    zwischen Natur und Kultur
    zwischen Außen und Innen

Arbeit und Almosen

„Ich arbeitete mit meinen Händen. Ich will arbeiten. Ich will sehr wohl, daß alle anderen Brüder die schwere Arbeit auf dem Felde tun. Denn das ist eine ehrbare Arbeit. Wer es nicht kann, soll es lernen. Nicht aus Gier nach Arbeitslohn, sondern damit er ein Beispiel sei und den Müßiggang vertreibe. Wenn uns einmal kein Arbeitslohn gegeben wird, wollen wir zum Tisch des Herrn fliehen und um Almosen bettelnd von Haus zu Haus gehen."

20 Franziskus erschreckt einen Bruder, der einen Geldbeutel findet und ihn den Armen geben will, mit einer Schlange

Franziskus will nicht Bruder Drohne sein, der sich auf Kosten anderer ernährt. Mit ihren Händen sollen die Brüder für das Lebensnotwendige arbeiten, nicht um des Geldes willen. Als ein Bruder bei Bari eine Geldkatze findet und dabei sogleich an die Not der Armen denkt, mahnt ihn der Heilige, nicht fremdes Gut sich anzueignen und zu verschenken, und sei es auch an die Armen, denn hier wirke der Böse mit fadenscheinigen Argumenten. Der Bruder streckt dennoch die Hand nach dem Gelde aus – da entweicht eine Schlange und reißt den Beutel mit sich fort. | VII, 5 |

21 Franziskus verzehrt am Tisch des Kardinals von Ostia erbettelte Gaben

Franziskus unterstellt sich dem Armenrecht und bittet von Tür zu Tür um Almosen. Auch als der Kardinal von Ostia, in Purpur gekleidet, ihn zu Tisch lädt, holt er aus seinem Bettelsack das Brot, das er von Nachbarn erbeten hat, und schreckt so auch den Ordensbruder auf, der mit Hochgestellten zu Tische sitzt. | VII, 7 |

Wer das Kleid der Armen trägt
trägt auch das Kreuz der Armen

schwere körperliche Arbeit, die in die Glieder fährt
Bezahlung, die nicht zum Nötigsten reicht
Lohn, der verweigert wird
gerufen und entlassen werden
je nach Bedarf der Reichen
verachtet wie Knechte
hungern müssen
ungesichertsein heute und morgen
betteln

Wer das Kleid der Armen trägt
darf sich nicht versuchen lassen
durch Geld, das blind macht für die Armen
durch Ehre, die die Armen vergißt

Wer das Kleid der Armen trägt
muß das Kreuz der Armen tragen bis ans Ende

Frieden stiften

„Der Herr offenbarte mir, daß wir zum Gruß sagen sollen: Der Herr gebe dir den Frieden.“

22 Franziskus vertreibt die Dämonen des Bürgerkriegs aus Arezzo

Unter dem Stadttor von Arezzo dringen Bewaffnete mit dem Schwert aufeinander ein. Über der Stadt eifern dämonische Geister die Bürger zum gegenseitigen Morden an. Franziskus verharrt am Bildrand und sendet Bruder Silvester vor das Stadttor mit der Botschaft, die Dämonen sollten durch die Macht Gottes und auf Befehl seines Dieners Franziskus die Stadt verlassen. Die Bürger umarmen sich und reformieren ihre Verfassung. | VI, 9 |

23 Franziskus sagt während des Kreuzzugs vor Damiette die Niederlage der Christen voraus und sucht sie vom Kampf zurückzuhalten

Franziskus und ein Gefährte erörtern die Frage, ob es ratsam sei, die Christen vor der Schlacht im ägyptischen Damiette zu warnen, da sie die Schwächeren seien. Der Bruder rät zum unwillkommenen Mahnwort, aber die Christen meiden den Kampf nicht. Ihre gestaffelte Schlachtordnung bricht Mann für Mann zusammen, die Kreuzesfahne liegt am Boden. Das Heer der Heiden zieht wie unberührt am Bildhintergrund vorüber und läßt die krummen Schwerter auf die Häupter der Christen niederfallen. Die „Weisheit des Armen“ hat gesiegt. | XI, 3 |

Den echten Frieden wollen
        nicht den faulen!
Nicht ja und amen sagen
        sondern nein!

Nein sagen
        und Frieden schaffen
Nein zu einer Stadt
        die nur Neid und Streit will
Nein zur ganzen Christenheit
        wenn sie im Namen des Kreuzes den Krieg sucht

Nein sagen
        zu allem, was ungerecht ist
        zu allem, was verletzt
        zu allem, was das Leben bedroht

Nein sagen
        zur Lösung der Probleme durch Gewalt

Ja sagen zum Frieden
        und ihn beschwören, erbitten, auch erträumen

24 Franziskus und der Sultan Melek-el-Kamil
von Ägypten sprechen über den wahren Glauben

Nicht Kampf, sondern Dialog ist Zeichen göttlicher Weisheit. Franziskus steht vor dem Sultan, dem Kriegsherrn der dunkelhäutigen Ägypter, Bruder Illuminatus neben ihm. Heidenfürst und Gesandter in eigener Friedensmission erheben die Hände im Disput, wessen Glaube der wahre sei. Franziskus spricht von der Erlösung durch den menschgewordenen Gott. Der Sultan, dem der Maler abendländisches Königsgewand mit Krone und Zepter verliehen hat, zeigt sich beeindruckt, lädt den Gottesmann zum Bleiben ein, will ihn mit Gaben für die christlichen Armen ehren. Doch Franziskus nimmt nicht an und kehr zurück, auf die Stunde vertrauend, da Gott selbst alle Suchenden in sein Reich der Wahrheit rufen werde. | IX, 8 |

Den Frieden wollen
  von Angesicht zu Angesicht
Die Angst überwinden
  und aufeinander zugehen
Einander nahekommen
  und doch sich selbst nicht aufgeben
Aufeinander hören
  und auf die leisen Töne achten
Auf das Spiel der Hände und Augen eingehen
Um Worte ringen
  und auf ihnen wie auf einer Brücke
  hinübergehen
Mit den Füßen des Geistes
  fremde Welten durchschreiten
Den Frieden finden
  in Geduld und Liebe

25 Franziskus läßt einen Hasen, der ihm bei Greccio geschenkt wurde, wieder frei; doch der Hase kommt häufig zurück

Die Tiere fühlen, wer gut zu ihnen ist. Ein Hase, den man dem Heiligen bei Greccio schenkte, ist auf Zuruf auf seinen Schoß gesprungen. Franziskus streichelt ihm wie eine Mutter Kopf und Rücken und mahnt ihn, sich nicht wieder fangen zu lassen. Gleich wird er ihn auf den Boden setzen, doch mehrmals wird das Tier auf den Schoß zurückspringen. Ein Bruder erhebt die Hände, wie um das Schauspiel zuvor nie gekannter Zuneigung für alle Zeiten festzuhalten. | VIII, 8 |

26 In Siena will sich ein Fasan nicht von dem Heiligen trennen

Ein Adeliger hat dem kranken Franziskus einen Fasan geschenkt. Er trägt ihn auf seiner Linken und hebt ihn nahe an sein Gesicht heran zu geschwisterlichem Zwiegespräch. Das Tier folgt dem Heiligen stets aufs neue, auch als die Brüder es in einem Weinstock aussetzen.

| VIII, 10 |

Im Schoß der Hase
        der Fasan in der Hand
Mensch und Tier
        in freier Begegnung
        zärtlich und nah

Nicht Herr noch Knecht
        nur Bruder und Schwester
Mensch und Natur
        versöhnt und im Frieden

Weder Traum noch Alltag
        Eine Sehnsucht vor allem
Der Fasan und der Hase
        sie suchen von neuem
        die Nähe des Menschen

27 Ein Falke weckt den Heiligen auf dem Berge La Verna zum nächtlichen Gotteslob

In der felsigen Einöde des La Verna hat ein Falke nahe der Zelle des Heiligen sein Nest gebaut und pflegt die Stunde des nächtlichen Gebets durch laut schallenden Gesang anzuzeigen. Als die Krankheit des Franziskus, der auf der bloßen Erde ausgestreckt liegt, an Heftigkeit zunahm, weckt der Falke ihn erst zur Zeit der Morgendämmerung wie mit leichtem Glockenschlag. | VIII, 10 |

28 Franziskus predigt den Vögeln bei Bevagna

In Bäumen, die wie große Blumen blühen, sitzen Vögel und blicken den heiligen Bruder und seinen Gefährten gereckten Halses unverwandt an, ein Bild wie ein gewebter Teppich. Franziskus hebt die Hände zur Predigt:

„Meine Brüder Vögel! Voll Eifer sollt ihr euren Schöpfer loben, der euch euer Federkleid und Flügel zum Fliegen geschenkt hat. Er läßt euch in der reinen Luft leben und nimmt sich eurer an, ohne daß ihr euch um etwas zu sorgen braucht.“ Dann segnet seine Rechte die kleinen Geschöpfe, in denen er sein Ebenbild erkennt. | XII, 3 |

Sich einem Vogel anvertrauen
Er kennt die Zeit und die Stunde
Auf ihn hören
Er spürt, wann man aufwachen muß
Seiner Stimme gehorchen
Er weiß, was sich gehört

Mit den Vögeln reden
von Freiheit und Würde
von Freude und Zuversicht
Mit ihnen singen
von Liebe und Gemeinschaft
von Treue und Nähe
Ihnen sagen
daß wir fliegen dürfen
im Winde Gottes
ins Land der Lebendigen

29 Franziskus hält Krippenfeier im Wald von Greccio

Drei Jahre vor seinem Heimgang läßt Franziskus bei Greccio eine Krippe mit Heu herrichten und Ochs und Esel dorthin führen. Das Volk und die Brüder feiern den Weihnachtsgottesdienst in einem Bretterstall, und Franziskus liest als Diakon das Evangelium und predigt von der Geburt des armen Königs. Ein Ritter Johannes in hermelinbesetztem Gewand schaut in einem Gesicht, was der Maler hier im Bilde zeigt: ein schlafendes Kind in der Nachbarschaft der Tiere, von Goldglanz umstrahlt. Der Heilige kniet vor ihm, es in seine Arme zu schließen und aus dem Schlaf zu wecken. So stellt Franziskus den menschgewordenen Gottessohn den Gleichgültiggewordenen neu vor Augen. | X,7 |

Nichts von Gott
haben wir in Händen
Nur ein Kind
und Brot und Wein

Das Kind
dessen Licht die Sonne ersetzt
Das Brot
um es mit allen Menschen zu teilen
Der Wein
der den Alltag in ein Fest verwandelt

Alles von Gott
haben wir in Händen
Den Frieden
in Brot und Wein

Armut und Demut

„Die Brüder sollen sich hüten, je Kirchen, ärmliche Unterkünfte und alles, was für sie gebaut wurde, anzunehmen, außer sie wären so, wie es sich für die heilige Armut geziemt, die wir in der Regel versprochen haben. Dort sollen sie immer wie Fremde und Pilger vorübergehend wohnen. Ich befehle allen Brüdern im Gehorsam nachdrücklich, daß sie sich, wo sie auch seien, nicht erdreisten, einen Brief von der Römischen Kurie zu erbitten, sei es selbst oder über einen Dritten, sei es für die Kirche oder für einen andern Ort, sei es im Blick auf Verkündigung oder im Blick auf körperliche Verfolgung. Wer irgendwo nicht aufgenommen wird, soll in ein anderes Land fliehen und dort in Buße leben mit dem Segen Gottes."

30 Franziskus läßt ein Haus niederreißen,
das der Armut nicht entsprach

Mit gebieterischer Geste überwacht der Heilige den Abbruch eines Hauses, das zu kostspielig war. Die Brüder sendet er mit dem Evangelienbuch in neue Unbehaustheit. | VII, 2 |

31 Franziskus bittet Papst Gregor IX., die Minderbrüder nicht zu höheren kirchlichen Würden aufsteigen zu lassen.

Als Gregor IX. auf päpstlichem Thron den Brüdern kirchliche Würden anbietet, erklärt Franziskus als Sprecher der Seinen, sie hießen Minderbrüder, weil sie sich niemals anmaßen wollten, Höhere zu werden. Im Stand ihrer einfachen Berufung wollten sie für die Kirche Gottes Frucht tragen. | VI, 5 |

Leidenschaftlich und zornig
im Namen des Ursprünglichen
Sich nirgendwo vermauern lassen

Mit dem Hammer dreinschlagen
und ungerechte Strukturen niederreißen
damit das Leben fließt für die Armen
Eine zukünftige Welt im Blick

Auch dem Papst widersprechen
um die eigene Berufung zu bewahren
Mit den Armen und Niederen verbunden bleiben

Prophetisch reden
gegen Verplanung, Vereinnahmung und Privileg

Nichts sein wollen
Nur Bruder und Schwester

Gebunden

„Ich will sehr wohl dem Generalminister dieser Brudergemeinschaft gehorchen und jedem Guardian, den er mir geben will. So will ich gefangen sein in seinen Händen, damit ich nicht gehen und nichts gegen den Gehorsam und gegen seinen Willen tun kann. Denn er ist mein Herr."

32 Mutter Pica befreit den Sohn, den der Vater binden ließ

Franziskus hat sich früh in den Gehorsam einüben können. Als er nach dem Erlebnis von San Damiano Ballen Tuchs und sein Pferd verkauft hat, um das Geld den Armen zu geben, sperrte ihn der Vater in ein enges Verlies ein. Die Mutter tritt herzu und löst die Fesseln. Mit dankbar erhobenen Händen bindet sich Franziskus an seine Berufung zur Freiheit des Evangeliums. | II, 3 |

33 Franziskus gibt seinem Vater die Kleider zurück
und unterstellt sich dem Schutz des Bischofs von Assisi

Der Vater zitierte ihn vor das bischöfliche Gericht. Vor aller Augen warf Franziskus seine Kleider ab und birgt sich nun im Mantel des Bischofs, bis dieser das Kleid eines Bauern herbeischaffen läßt. Vater und jüngerer Sohn stehen seitab, Franziskus hat sich an seinen Vater im Himmel gebunden: zwei Parteien, die eine leere Bildmitte trennt.

| II, 4 |

Sich aus der Gewalt des Vaters lösen
    um den eigenen Weg zu finden
Sich losreißen von der Hand des Vaters
    um sich der Hand Gottes anzuvertrauen
Sich von den Bindungen des Vaters befreien
    um sich neu binden zu können
Den Kindesgehorsam aufkünden
    um der inneren Stimme zu folgen
Den Bruch mit dem Vater wagen
    um zur Familie Gottes zu gehören

Was bleibt
    Die Geborgenheit der Mutter
    Der Blick der Liebe
    Der Mantel des Bischofs

Was gilt
    daß ich Gott und mir selbst gehöre
    daß ich ein Gehör habe für Gott in meinem Inneren
    daß ich dem ursprünglichen Geheimnis gehorche
    daß ich gehorsam bin
        dem Weg, der mir vorgezeichnet ist
        Gott, der mich ruft

34 Franziskus läßt sich von den Brüdern fast nackt an den Pranger führen und hält eine Predigt über die Demut

Als Franziskus zur Linderung eines Malariaanfalles Hühnerfleisch genossen hatte, wie alte Rezepte raten, möchte er dies als Schwäche öffentlich kundgetan wissen, damit niemand in ihm einen enthaltsamen Menschen erblicke. Fast nackt läßt er sich an einem Strick von den Brüdern vom Dom zum Pranger führen und mahnt die Augenzeugen, vor Kälte und im Fieber schauernd, sie sollten ihn als Schlemmer verachten. | VI, 2 |

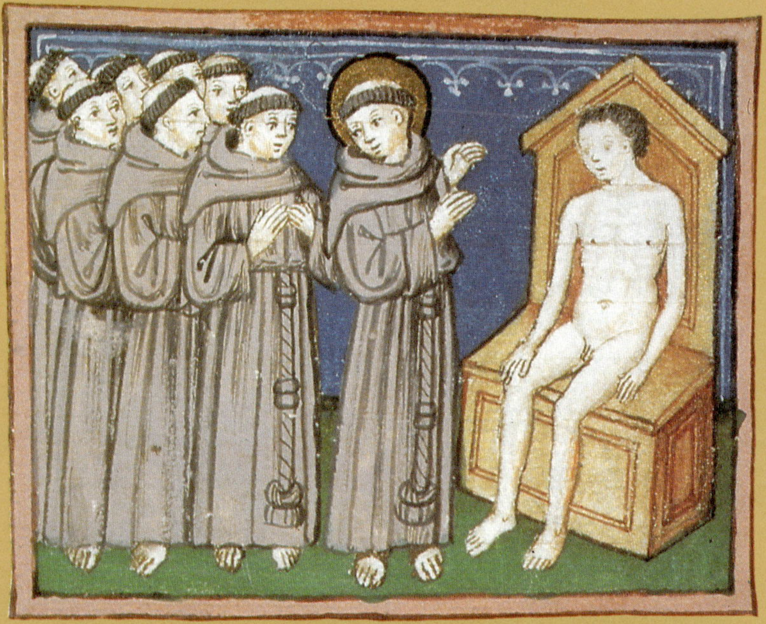

35 Franziskus erzählt das Gleichnis vom absolut gehorsamen Leichnam

Von den Brüdern nach dem wahren Gehorsam befragt, wählt er mit beredten Worten das Gleichnis vom Leichnam, der nicht klage und murre, wenn man ihn bewege. Setze man ihn auf einen Thron, so richte er seinen Blick nicht nach oben, sondern nach unten; kleide man ihn in Purpur, so sehe er desto bleicher aus. So sorge der Gehorsame nicht, wohin man ihn sende, und bewahre die Demut, wenn man ihm ein Amt anvertraue. | VI, 4 |

Nackt bei der Geburt
Nackt im Tod
Nackt während eines ganzen Lebens

Nichts, worauf ich mir etwas einbilden könnte
Nichts, mit dem ich mich rühmen dürfte
Gar nichts, was den Tod überdauert

Der Tod: Er kommt gewiß
Es ist nur eine Frage der Zeit
Schon heute oder erst morgen?
Ich weiß es nicht

Den Tod mitten im Leben annehmen
Das Leben auf den Tod hin verstehen
Die Nacktheit im Tode bejahen

Gehorsam sein

36 Franziskus empfängt die Wundmale
auf dem Berg La Verna

Der einst von seinem Vater gefesselte Franziskus wird zwei Jahre vor seinem Tod mit den goldenen Fesseln der Stigmatisation an den Gekreuzigten gebunden und mit den Nägeln in den blutenden Wunden zum Spiegelbild des leidenden Christus umgeschmiedet. In steil aufragender Felslandschaft erinnert eine Kapelle an die Einsiedelei der Brüder auf dem Berg La Verna und an den Altar, von dem Franziskus das Evangelienbuch nahm, das ein Bruder dreimal öffnete, um dreimal auf die Leidensgeschichte des Herrn zu stoßen.
Zur Zeit des Festes Kreuzerhöhung schaut Franziskus den Gekreuzigten heranschweben, von sechs feuerroten Flügeln umgeben. Freude und schmerzliches Mitleiden zugleich erfüllen das Herz des Heiligen, der im Knien selber die Gestalt des Gekreuzigten annimmt. Goldene Strahlen treffen Hände, Füße und Seite und brennen die Male der Nägel ein. | XIII, 3 |

Christus gehören

Mein Herz an das seine gebunden
        mit aller Leidenschaft und aller Liebe
        zu der ich fähig bin
Meine Hände mit den seinen im Bunde
        mit aller Kraft im Handeln
        die die Welt verändert
Meine Füße mit den seinen verbunden
        mit der Entschiedenheit
        die kein Zurück mehr kennt

Christus in meinem Herzen
Christus in meinen Händen
Christus in meinen Füßen

Christus hier und heute

In einem Gesicht lesen
statt nur in einem Buch
Hinter den Worten das Wort suchen

Mit dem Herzen sehen
statt nur mit den Augen
Hinter dem Schein das Sein schauen

Eine Gegenwart suchen
statt nur die Einsamkeit
In der Einöde Kontakt aufnehmen

Die Nacht durchdringen
statt sie nur erleiden
Im Dunkeln das Licht erahnen

Krankheit

„Wenn ich auch einfältig und schwach bin, will ich doch immer einen Kleriker bei mir haben, der mit mir das Stundengebet betet, wie es in der Regel vorgeschrieben ist."

37 Der augenkranke Franziskus soll durch Brennen an den Schläfen Linderung erfahren

Von Natur aus schwächlich, war Franziskus bereits in der Jugendzeit an der weitverbreiteten Malaria erkrankt. Während seiner Friedensmission vor dem 5. Kreuzzug hatte ihn die ägyptische Augenkrankheit Trachoma befallen. Ein Arzt sucht mit glühendem Eisen die Venen in Augennähe auszubrennen, um der eitrigen Entzündung der Bindehäute zu wehren. Franziskus sitzt gebeugt und gefaßt inmitten der Brüder und bittet den Bruder Feuer, den der Allerhöchste vor anderen Geschöpfen mit Schönheit und Kraft begabt habe, er möge ihn so schonend brennen, daß er die Qualen aushalten könne. | V, 9 |

38 Engel mit Instrumenten erfüllen dem kranken Franziskus den Wunsch nach Musik

Wie er des Nachts vor Schmerzen aufrecht auf seinem Bett sitzt, verlangt es den Heiligen nach Musik, seinen Geist froh zu stimmen. Da er das Mißverständnis fürchtet, weltliche Musik habe seine Gedanken in die Welt zurückgelockt, erscheinen Engel mit Zither und Fiedel und spielen so wundersame Melodien und Harmonien, daß er sich in die andere Welt versetzt fühlt. | V, 11 |

Sich aufrichten können
    in Krankheit und Schwäche

Weil links und rechts
    Menschen stehen und einen umgeben
    daß die Wärme ihres Körpers zu spüren ist
Wenn Brüder und Schwestern
    die Worte leihen
    um einen zu bergen im Mantel des Gebetes

Weil einer die Stirn berührt
    und Wange und Schulter
    mit Finger- und Seelenspitzen
Wenn ein Engel kommt
    um mit Gesang und Musik einzuladen
    zum Tanz von Seele, Geist und Leib

Sich aufrichten dürfen
    und die Decke durchschlagen

Strenge und Erbarmen

„Und alle andern Brüder sollen es ebenso halten, ihrem Guardian gehorchen und das Stundengebet gemäß der Regel beten. Sollten sich einige finden, die das Stundengebet nicht nach der Regel beten, die es auf irgendeine Weise abändern wollen oder die nicht katholisch sind, sind alle Brüder überall im Gehorsam aufgefordert, wo sie einen solchen Bruder finden, diesen dem nächsten Kustoden vorzuführen. Der Kustos soll nachdrücklich im Gehorsam verpflichtet sein, ihn Tag und Nacht streng zu bewachen wie einen Menschen im Gefängnis, damit er seinen Händen nicht entfliehen kann und er ihn persönlich in die Hände seines Ministers übergeben kann. Der Minister soll nachdrücklich im Gehorsam verpflichtet sein, ihn durch solche Brüder zu schikken, die ihn Tag und Nacht bewachen wie einen Menschen im Gefängnis, damit sie ihn der Sorge des Herrn von Ostia übergeben, der für die Ausrichtung der Brüdergemeinschaft als ganzer, für ihren Schutz und für die Bestrafung aller Abweichungen verantwortlich ist."

39 Der todkranke Franziskus wirft sich auf die Erde
und dankt Gott für die Schmerzen

Als einer der Brüder vor Mitleid den Heiligen bittet, er möge Gott in all seinen Schmerzen um Erbarmen anflehen, wirft sich Franziskus unter den entsetzten Blicken der Seinen auf die Erde, daß der Körper hart aufschlägt, küßt den Boden und dankt für alle Pein: „Denn deinen heiligen Willen zu erfüllen, ist mein größter Trost.“ Die Hand Gottes segnet aus den Wolken solchen Gehorsam. | XIV, 2 |

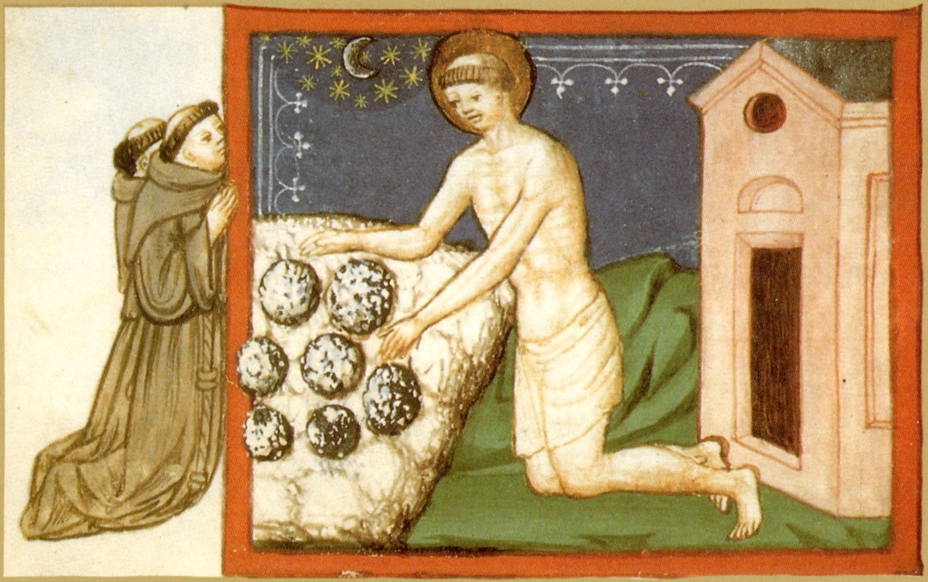

40 Franziskus ruft sich selbst zur Ordnung, indem er aus sieben Schneeballen seine Familie formt

Zwei Brüder beobachten wie durch einen Türspalt das persönlichste aller Schauspiele des Franziskus beim Schein von Mond und Sternen. Der Heilige kniet fast nackt außerhalb seiner Zelle vor einem Schneefeld, das wie ein Kissen vor ihm liegt. Sieben Ballen silbrig glänzenden Schnees haben seine Hände geformt: Mann und Frau und fünf Kinder, die es zu kleiden und zu nähren gilt! So macht er seinem Leibe klar, daß Lust nicht ohne Pflichten bleiben kann. | V, 4 |

Da liegst du auf der Erde
um der eigenen Wahrheit zu begegnen
dem Humus, aus dem wir genommen
dem Boden, aus dem wir stammen
den Schmerzen, die uns miteinander verbinden
dem Leiden, das nach Erlösung schreit
dem Geheimnis, das allem innewohnt

Da spielst du mit dem Schnee
um den eigenen Möglichkeiten ins Auge zu schauen
den Gebilden der Phantasie
dem Gaukelspiel der Nacht
den Irrlichtern der Träume
dem Begehren des Leibes
dem Zerfließen der Bindung

41 Franziskus erkennt die Scheinheiligkeit eines Bruders.
Er sieht ihn den Orden verlassen und betet um den rechten Weg

Franziskus durchschaut das Böse mit klaren Augen und wird zum unerbittlichen Richter des Teufels, nicht des verführten Menschen. Ein Bruder, der sich in Gebet und Stillschweigen von niemandem übertreffen ließ, ja sogar nur mit Zeichen beichtete und deshalb bei den Brüdern in hoher Achtung stand, wirft Strick und Habit ab, als Franziskus seine Eigenwilligkeiten als Heuchelei entlarvt.
Der Buchmaler fügt als kleinste aller Miniaturen den in seiner Zelle betenden Franziskus hinzu als „Mittler zwischen Gott und den Brüdern“. Vielleicht auch will er den Heiligen für den verirrten Bruder Fürsprache einlegen lassen. | XI, 10 |

Unterscheidung der Geister

Dem Schein nicht verfallen
        das Sein erahnen
Am Äußeren nicht kleben
        in das Herz schauen
Falsche Wege erkennen
        noch inständiger beten

Der Heilige scheint
        aus der Mitte des Herzens
        in der Mitte des Tages
Der Schein des Heiligen erstrahlt
        aus den Augen und von den Lippen
        wie Sterne in der Nacht

Des Heuchlers Schein ist nicht Lichtschein
        ist bloßer Anschein

Regel und Testament

„Die Brüder sollen nicht sagen: Dies ist eine andere Regel. Dies ist nämlich Erinnerung, Ermahnung, Aufmunterung und mein Testament, das ich, der armselige Bruder Franziskus, euch gebe, meine gesegneten Brüder, damit wir die Regel, die wir dem Herrn versprochen haben, katholischer befolgen. Der Generalminister, alle anderen Minister und die Kustoden sollen im Gehorsam verpflichtet sein, diesen Worten nichts hinzuzufügen und nichts von ihnen wegzunehmen. Sie sollen dieses Schreiben immer bei sich haben, zusammen mit der Regel. Auf allen Kapiteln sollen sie, wenn sie die Regel vorlesen, auch diese Worte lesen. All meinen Brüdern, den Klerikern und den Laien, untersage ich im Gehorsam nachdrücklich, die Regel und diese Worte zu kommentieren und zu sagen: So wollen wir dies verstehen. Denn so wie mir der Herr einfach und rein die Regel und diese Worte zu sagen und aufzuschreiben auftrug, so sollt ihr sie einfach und ohne Kommentar verstehen und sie mit heiliger Wirkung befolgen bis ans Ende.“

42 Franziskus schreibt die früheste Form der Regel nieder

Franziskus sitzt vor einem Schreibpult und trägt die ersten Worte der Regel in ein Buch ein: „Domini Jesu – Unseres Herren Jesu Christi heiliges Evangelium zu beobachten." Mit einfachen Worten schreibt er die früheste Form der Regel nieder, die fast nur aus Worten der Heiligen Schrift besteht: Worte vom Himmel, die ein Engel ihm zuträgt, eine Regel, die er von der Kirche bestätigen lassen wird. Bei diesem Entwurf vertraut er ganz der Führung Gottes, und „Gott schaut aus der Höhe auf sein Begehren herab". | III, 8 |

Was ein Engel flüstert
        will ich mit einfachen Worten aufschreiben
Was der Himmel diktiert
        muß standhalten in veränderten Zeiten
Was vom Angesicht Gottes leuchtet
        will ich ritzen in steinerne Tafeln

Was mit einfachen Worten geschrieben ist
        und geritzt in steinerne Tafeln
        soll das Blut sein in meinen Adern
                der Pulsschlag in meinem Herzen
                das Licht in meinen Augen
                Musik in meinen Ohren
                das Fleisch an meinen Knochen
                die Substanz meines Lebens

43 Franziskus stirbt inmitten seiner Brüder

„... befolgen bis ans Ende“: In seiner Todesstunde ruft Franziskus die Brüder zu sich. Neben dem Priester und den Altardienern stehen sie um sein Lager. Franziskus bittet um das Evangelienbuch und läßt den Priester die Abschiedsreden Jesu nach Johannes lesen. Dabei legt er die Hände zum Zeichen des Kreuzes übereinander. Einer der Brüder sieht, am rechten Bildrand kniend, die Seele des Heiligen in Gestalt eines hellleuchtenden Sternes auf einer kleinen Wolke zum Himmel steigen, getragen von zwei Engeln, die die Wolke wie ein Tuch halten. | XIV, 5/6 |

44 Lerchen singen in seiner Todesstunde
über dem Dach des Hauses

„Obwohl die Lerchen das Licht lieben und die Dämmerung scheuen, fliegen sie in der Todesstunde des Heiligen, da schon die Dämmerung der folgenden Nacht angebrochen war, in großen Scharen über dem Dach des Hauses und schweben lange mit ungewöhnlichem Jubilieren hin und her; so geben sie ihr frohes und untrügliches Zeugnis von der Verherrlichung des Heiligen, der sie so oft zum Lobe Gottes eingeladen hatte." | XIV, 6 |

Sein Leben zusammenfassen
und sich hingeben
Sein Leben abschließen
und seinen Leib darbringen
Seinen Tod annehmen
und ihn erwarten

Hineinsterben
in das Gebet der Menschen
in den Gesang der Vögel
in das Gewand der Engel
in das Herz Gottes

Segen

„Jeder, der dies befolgt, werde im Himmel erfüllt vom Segen des höchsten Vaters. Auf der Erde werde er erfüllt vom Segen seines geliebten Sohnes, zusammen mit dem Heiligsten Geist, dem Tröster, mit allen himmlischen Kräften und allen Heiligen. Ich, Bruder Franziskus, euer armseliger Knecht, stärke euch innerlich und äußerlich, so sehr ich kann, mit diesem heiligen Segen.“

45 Franziskus segnet die Brüder vor seinem Tod
im Namen des Gekreuzigten

Die letzten Sätze des Testaments erinnern an den Segen, den der Heilige vor seinem Heimgang über die knienden Brüder spricht. Die stigmatisierten Hände erhebt er wie ein lebendiges Kreuz. Als Richtmaß der Brüder, als forma minorum, steht er vor ihnen, aufrecht wie am Beginn seines Weges: „Lebt wohl, alle meine Söhne, in der Furcht des Herrn. Selig werden jene sein, die bei dem verharren, mit dem sie begonnen haben.“ | XIV, 5 |

45 Franziskus segnet die Brüder vor seinem Tod
im Namen des Gekreuzigten

Die letzten Sätze des Testaments erinnern an den Segen, den der Heilige vor seinem Heimgang über die knienden Brüder spricht. Die stigmatisierten Hände erhebt er wie ein lebendiges Kreuz. Als Richtmaß der Brüder, als forma minorum, steht er vor ihnen, aufrecht wie am Beginn seines Weges: „Lebt wohl, alle meine Söhne, in der Furcht des Herrn. Selig werden jene sein, die bei dem verharren, mit dem sie begonnen haben." | XIV, 5 |

Am Segen ist alles gelegen
Im Kreuz ist alles geborgen
    Darum segne jeder jeden
    und jeder knie zum Kreuz

Durch Gott ist alles geschaffen
In Christus ist alles erlöst
    Das bezeuge jeder jedem
    und jeder öffne sein Herz

Im Wort liegt aller Sinn
Durch des Leibes Sprache wird alles klar
    Das verkünde jeder jedem
    und jeder kreuze die Arme

„Wenn ihr bis ans Ende verkündigt, was ich euch schreibe,
dann dürft ihr wissen: Ihr tragt Gottes Segen
mit euch und den meinen."

Franz von Assisi, Erster Brief an die Kustoden

Eine Lebenserfahrung
zu Ende denken
Eine Vorstellung vom Leben
zu Ende führen
Einen Weg zum Leben
bis zum Ende gehen
Die Fülle des Lebens
an das Ende der Welt tragen

und den Segen Gottes in sich spüren

Geborgenheit

46 Der vom Turm gestürzte Wächter des römischen Adeligen Rodulphus erklärt, Franziskus habe ihn in seinem Schoß geborgen

Rodulphus und seine Gattin hatten die Minderbrüder in ihrem Hause nahe Rom aus Verehrung für den Heiligen gastlich aufgenommen. Der Burgwächter stürzte des Nachts von der Zinne des Turmes, da sich das Reisigbündel seines Lagers verschoben hatte. Er fiel auf das Dach des Palastes, dann auf die Erde, ohne zu erwachen. Die Familie und die Brüder glaubten ihn tot. Als sie ihn schüttelten, öffnete er die Augen und sagte, er habe sanft in den Armen des seligen Franziskus geruht. Dies ist eines der vielen Wunder, von denen man nach dem Tode des Heiligen berichtete. | Wunderbericht III, 1 |

Ob ich stehe oder falle
gehe oder stürze
ich falle und stürze
in einen Schoß

Ich falle und stürze immerzu
in den Schoß des Geliebten
in die Arme des Freundes
in das Herz Gottes

Zu den Bildern

Bilderzyklen des Franziskuslebens

Das Testament des heiligen Franziskus ist – wie auch nicht anders zu erwarten – niemals mit Bilderschmuck versehen worden. Es bieten sich als Bildkommentar daher Bilderzyklen des Franziskuslebens an, wie sie als Tafel- oder Wandmalereien, in Handschriften oder frühen Drucken erhalten sind. Die frühesten bestehen aus kleinen Einzelszenen, die auf erzählenden Bildertafeln aus Holz, sogenannten Tabulae historiatae, um die zentrale Franziskusgestalt komponiert sind[1]. Auch die Giotto-Fresken in der Oberkirche von San Francesco in Assisi oder deren Nachgestaltungen erzählen das Leben des Heiligen anschaulich und mit eindrucksvollen biblischen Querverweisen[2]. Allerdings bestehen diese Bilderfolgen aus zu wenigen Szenen, als daß es gelingen könnte, die vielfältigen Aussagen des Testaments mit einem Bild zu begleiten. Angeregt zum Teil durch Giotto, freilich mit weit geringerer künstlerischer Gestaltungskraft, haben sogenannte Buchmaler versucht, die Lebensbeschreibung des Heiligen in handgeschriebenen Büchern, zumeist aus Pergament, durch Bilder anschaulich zu machen. Es sind uns mindestens 15 solcher Miniaturenzyklen mit 2 bis 240 Bildern erhalten. Etwa 9 von ihnen illustrieren die Legenda maior in lateinischer oder volkssprachlicher Fassung, die umfangreichere der Lebensbeschreibungen aus der Feder des heiligen Bonaventura, der 1274, knapp 50 Jahre nach Franziskus, starb[3].

Der vielleicht früheste bekannte Zyklus aus der ersten Hälfte des 14. Jahrhunderts ist von ergreifender Einfachheit[4]. Bei der Begegnung mit dem Aussätzigen zum Beispiel (Textabb. 1) wird auf den Sinn des Dargestellten nur durch Bildkürzel hingewiesen: Der reiche Bürger Franziskus mit einem Gefährten, hoch zu Roß, wird des Aussätzigen ansichtig, der mit ausgestreckten Händen um eine Gabe bittet, wie Bonaventura schreibt. Die Gabe wird das Absteigen vom Pferd sein und ein Kuß, mit dem Franziskus eine Münze überreicht.

Zweihundert Jahre später erzählt ein Holzschnitt des Nürnbergers Wolf Traut, 1511, dasselbe Ereignis wortreicher und bewegter, so anschaulich, daß es manchen

1 Franziskus und der Aussätzige
Rom, Bibl. Corsiniana, Ms. Rossi XVII, fol. 2^{v}, um 1330

2 Franziskus und der Aussätzige
Wolf Traut, Nürnberg 1511/12

3 Franziskus und der Aussätzige
Paris, Bibl. Nat., cod. allem. 133, 11. Bild

Besitzer des frühen Drucks verlockte, die insgesamt 57 Bilder zu kolorieren oder kolorieren zu lassen, falls er das Werk nicht schon in farbiger Fassung erworben hatte[5]. Franziskus und der Aussätzige sind zu einer Einheit verschmolzen; vor den Mauern der türmereichen Stadt auf steinigem Grund hat sich Franziskus dem Elend ausgesetzt; der Reiche mit Pferd, Schwert, Messer und Bürgerkleid hat sich dem Deklassierten mit narbigem Gesicht und Signalklapper verschwistert (Textabb. 2).
126 spielkartengroße Bilder mit Beischriften in Reimpaarversen bilden ein Triptychon, das um 1510 für das Ulm-Söflinger Klarissenkloster geschaffen wurde[6]. Es beweist die Vorliebe des frühen 16. Jahrhunderts für szenenreiche Darstellung ebenso wie eine Folge von 240 Federzeichnungen, der reichhaltigste Bilderzyklus zum Franziskusleben überhaupt[7]. Das Bild der Begegnung mit dem Aussätzigen zeigt die ungelenke Ausführung der Bilder, zugleich aber auch, wie diese Liebesbegegnung durch äußerste Vereinfachung zum stehenden Sinnbild erhoben werden kann (Textabbildung 3).
Unser Buch bildet 46 Szenen einer Bilderhandschrift ab, die mit 184 Darstellungen der zweitumfangreichste Bilderzyklus ist und den modernen Betrachter wohl besonders anzusprechen vermag, obwohl sie nicht von der Hand eines berühmten Künstlers stammt, sondern das Werk einer freilich erfahrenen Buchmalerwerkstatt sein dürfte.

Allgemeine Beschreibung, Datierung und Herkunft der Handschrift

Die Handschrift befindet sich unter der Signatur Inv. Nr. 1266 im Museo Francescano des Historischen Instituts der Kapuziner in Rom[8]. Es handelt sich um eine lateinische Pergamenthandschrift mit 107 beschriebenen Blättern in 14 Lagen mit einer Blattgröße von heute etwa 227 × 165 mm. Die Größe der meist querrechteckigen Miniaturen schwankt sehr stark zwischen 45 und 95 mm Höhe. Blatt 1 beginnt mit einer numerierten Übersicht über die Miniaturen, Blatt 6 mit dem Prolog der Legenda maior des hl. Bonaventura, Blatt 84 (Rückseite) mit den Wundern nach dem Tode des Heiligen.

Das letzte Blatt enthält eine Eintragung, die besagt, daß das Buch einem Bürger und Einwohner der Stadt Brescia gehöre und am 30. März des Jahres 1457 vollendet worden sei. Dieser Eintrag stammt aber von späterer Hand, ja das Blatt ist sogar nachträglich an die letzte Lage angeklebt und in den Schlußzeilen radiert worden, so daß der Name des Brescianers nicht eindeutig feststellbar ist (Andrea de Fainis, Faitis oder Taitis) und Ort und Datum der Entstehung der Handschrift nicht zuverlässig verbürgt sind. Doch finden sich auf dem rückwärtigen Vorsatzblatt weitere für den Handschriftenforscher aufschlußreiche Besitz- und Ausleihvermerke, die es möglich erscheinen lassen, daß das Buch in einer Werkstatt des damals berühmten Franziskanerklosters San Francesco Nova in Brescia entstand und vielleicht sogar von dem kunstliebenden Generalobern P. Francesco Sanson angeregt oder in Auftrag gegeben wurde, dessen Einfluß Kloster und Stadt viele Werke namhafter Künstler verdanken. Für die Miniaturen freilich läßt sich kein Künstler benennen; eine typisch lombardische Stilrichtung ist nicht zu erkennen. Manches spricht dafür, daß die Handschrift eine Kopie einer Handschrift des frühen 14. Jahrhunderts ist, die heute im Archivo Ibero-Americano der Franziskaner in Madrid aufbewahrt wird[9]. Ein Vergleich der 41. und 42. Miniaturen in beiden Handschriften zeigt Übereinstimmung und Unterschiede. Die Bilder der Madrider Handschrift sind in späterer Zeit stark übermalt worden (man hat aus dem Minoritenhabit ein Kapuzinerordenskleid machen wollen), aber doch als ältere Vorgänger deutlich zu erkennen: Die Figurengruppen sind schematischer und in größeren Abständen voneinander angeordnet, die Bildräume weniger gefüllt, die Figuren weniger schlank. Die Köpfe sind noch stärker gerundet als die der römischen Handschrift und besitzen große Augen ohne Oberlid. Textabbildungen 4 und 5 zeigen außerdem, wie die Bildfelder in den fortlaufenden Text eingeordnet sind.

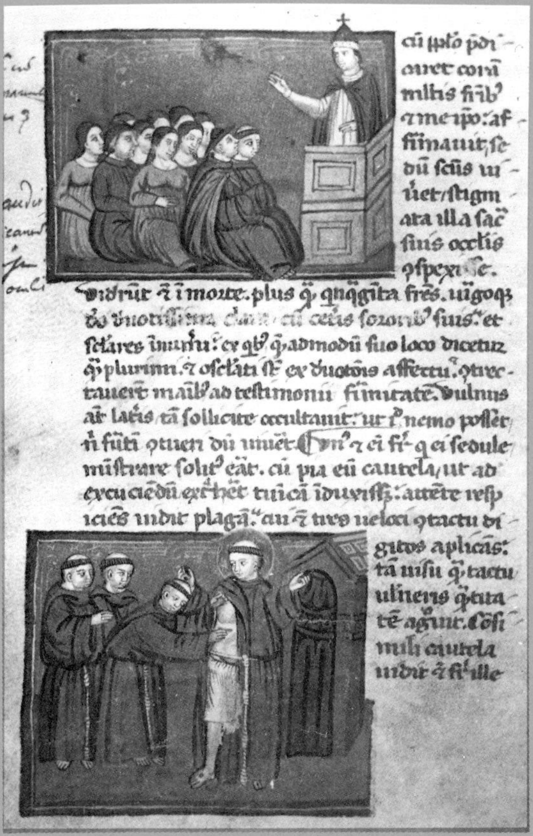

4 Madrid, Ms. Archivo Ibero-Americano, fol. 71ᵛ, um 1300

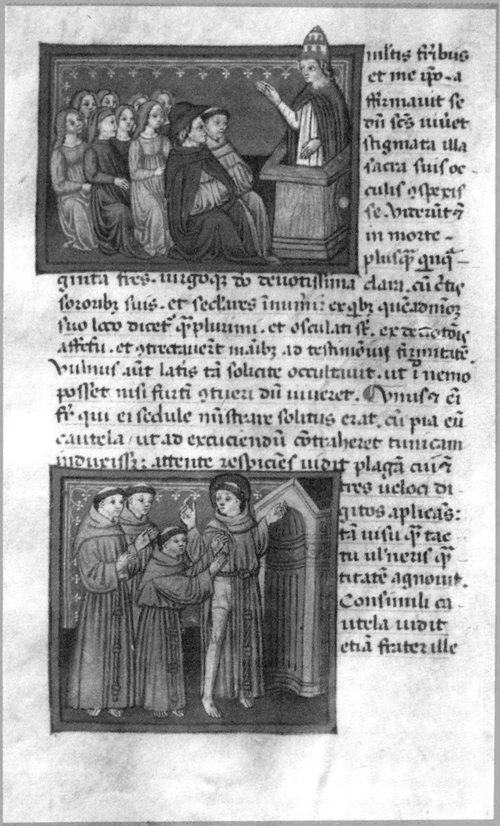

5 Rom, Museo Francescano, Ms. Inv. Nr. 1266, fol. 76ᵛ, wahrscheinlich 1457

Obere Bilder: Papst Alexander IV. versichert in einer Predigt, er habe die Wundmale des hl. Franziskus mit eigenen Augen gesehen.
Untere Bilder: Ein Bruder entdeckt und berührt die Wundmale des Heiligen.

Die Miniaturen

Die Bilder unserer Handschrift sind in der Regel an allen vier Seiten von einem schmalen Rahmen in den Farben Rot, Altrosa, seltener Hellgrau oder Hellgrün umgeben. Die Darstellungen selbst beeindrucken durch die ungebrochene Leuchtkraft der Deckfarben, die mit dem Pinsel und bei den Gesichtszügen, den Konturen und der Binnenzeichnung von Kostümen, Gebäuden und Naturteilen auch mit der Feder aufgetragen sind. Es dominieren im Farbdreiklang das Grau oder Rosagrau der Ordensgewänder, das Lapislazuliblau des Himmels und das satte Grün des Untergrundes. Kostüme, Architekturen und Tiere spielen die lebendige Farbigkeit von Rosa-, Blau-, Grau- und Ockertönen sowie leuchtendes Rot und Weiß ein. Der Heiligenschein ist jeweils in echtem Blattgold aufgetragen, das im übrigen gelegentlich der Verzierung dient.

Figuren und Architekturen

Den meditierenden Betrachter mag besonders ansprechen, daß die handelnden Figuren nicht in einer Vielzahl von Akteuren und Kulissenteilen untergehen, sondern daß sie klar und bildfüllend hervortreten und daß die Handlung häufig von nur zwei bis drei Personen getragen wird. Auf den Bildern 1, 8, 18, 27 erscheint Franziskus allein und ruft wie von selbst zur Identifikation oder zum Zwiegespräch des Betrachters mit ihm auf. Wenn mehrere Personen auftreten, werden sie in altertümlicher Art zu Gruppen zusammengefaßt, deren Köpfe annähernd auf gleicher Höhe erscheinen (Isokephalie). Manchmal, z. B. auf den Bildern 7, 10, 17, 22, 24, 30, 34, 38, sind Nebenpersonen im sogenannten Bedeutungsmaßstab kleiner dargestellt. Ungewollt entsteht dadurch eine Art Tiefenperspektive in dem sonst ganz flach angelegten Bildviereck. Häufiger scheint die Standfläche der Figuren schräg ins Bild zu führen (1, 7, 18–20, 23, 25–27, 30, 36, 39, 41), betont durch kühn tiefenverkürzt aufgestellte Architekturen (2, 5, 8, 11, 12, 22, 34, 40) oder Möbelstücke (21, 24, 29, 35, 42), wie sie seit Giotto in der italienischen Malerei häufig wiederkehren. Auf den Bildern 6, 17, 27, 41 und 44 sind perspektivisch gezeichnete Kastenräume von äußerster Einfachheit zu sehen, die die Bilder so „modern“ erscheinen lassen, obwohl hier traditionelle Bildformeln wiederholt werden. Die Zentralperspektive, die große Erfindung der italienischen Renaissance, ist nicht konsequent angewandt. Auch lösen sich die stehenden Figuren sehr häufig nicht vom unteren Bildrahmen und nutzen die Standfläche nicht als solche. Dadurch wirkt der zweigeteilte Bildhintergrund lediglich als Folie, auch wenn durch Abdunkeln der Grünflächen nach hinten eine Art Luftperspektive angestrebt wird oder die schollenartigen Felsgründe terrassenförmig ansteigen (1, 7, 14, 18, 27, 36, 40, 43). Das Himmelsblau bildet auch in Innenraumdarstellungen im oberen Bildteil stets den Bildhintergrund, umzogen von einem weißen Doppelstreifen und geschwungenem Zackenband mit anhängenden Blattkreuzchen. Dies unterstreicht die dekorative Wirkung der Bilder.

Die Gewänder fallen in röhrenförmigen Falten herab oder entwickeln ornamentale Parallelschwünge, die Stricke der Ordenskleider zeigen auffällig große Knoten und Quasten. Der Maler dürfte sich der Gefahr bewußt gewesen sein, daß die vielen einfarbigen und gleichgeschnittenen Habite eintönig wirken könnten. Durch Architekturteile und Versatzstücke aus der Natur sucht er deshalb Abwechslung zu bringen wie auch durch weltliche Kostüme, die gelegentlich sogar Hermelinbesatz (9, 13, 29) und modischen Zuschnitt (37) zeigen. Die Gesichter sind zumeist sehr formelhaft gezeichnet. Die Köpfe sind kugelförmig über sehr kurzem Hals. Die Augenpartien bestehen aus drei übereinandergestellten Bögen (Lid und Braue). Nasenflügel, Ober- und Unterlippe sind durch drei fast parallele Striche markiert. So erhalten die Gesichter einen staunenden, oft auch ungewollt kindlichen Ausdruck. Doch vermag der Buchmaler (wenn denn nur *einer* an den Bildern gearbeitet haben sollte!) dem Gesicht auch eine persönlichere Note zu geben; so zeigt der am Sterbelager des Heiligen kniende Bruder (43) ein sorgfältig ausgebildetes männliches Profil – etwa, weil der Ordensmann den Auftraggeber der Kopie, Pater Francesco Sanson, darstellen sollte? Die Behandlung der unbekleideten Körperpartien auf den Bildern 34, 35 und 40 läßt bei aller Formelhaftigkeit das Bemühen um naturalistische Darstellung erkennen.

Beachtung verdient die Sprache der Gebärden, die einem bestimmten Muster folgen, wie es vor allem von den Illustrationen des „Sachsenspiegels“ her bekannt ist. Es finden sich die einfachen Gesprächs-, Rede- und Predigtgesten der erhobenen Hand, die Redegesten Gottes oder eines Engels (1, 6, 39, 42), Gebets- und Ergebenheitsgesten der aneinandergelegten Hände, Segensgesten (11, 22, 28, 45), die Fingerbewegungen beim Lösen schwieriger Fragen (13), die Handbewegungen bei der

Disputation (23, 24), die Gebärde der Eheschließung (16) und der erschreckten Abwehr (20, 24).
Der Maler beachtet den Text Bonaventuras oft bis in diese Einzelheiten hinein. Aber es gibt auch Abweichungen. In Bild 10 zum Beispiel erscheint am rechten Bildrand der Priester ohne das Meßgewand, um Franziskus nach dem Gottesdienst das Evangelienwort auszulegen. Das aber wird nicht bei Bonaventura, sondern bei 1 Celano 22 berichtet. Welche Beziehungen zwischen verschiedenen Illustrationszyklen bestehen, müßte eine nähere Untersuchung zeigen.

Pflanzen und Tiere

Auf ebenem oder felsigem grünen Untergrund wachsen keinerlei Gräser oder Blumen. Lediglich Großpflanzen, meist Bäume, sind wie Kulissenteile isoliert in das Bildfeld eingefügt. Sie begegnen in drei Formen: Kugelbäume mit feuerwerkartig radial wegsprühenden Punktbahnen (7, 19, 27, 36), gertenschlanke Stämme mit großen Einzelblättern (19, 26), übergroße Blumensträuße mit blütenartig zentrierten Kronenteilen (27, 28). Auch diese Baumornamente folgen jahrhundertealten Mustern. Der Maler hat ihm Vorgegebenes nicht an der Natur überprüft, am wenigsten bei dem Weinstock Bild 26, in den die Brüder den Fasan setzen, der mehrmals zum Heiligen zurückkehrt: Die Blätter gleichen Lindenblättern; daß die Trauben wie Pinienzapfen oder (modern gesprochen) Ananasfrüchte aussehen, ließe sich durch Weinstöcke besonders in Norditalien erklären, die deutlich geschlossene Trauben bilden.
Die Tierwelt ist in unserer Bildauswahl durch das Pferd (2, 3), den Hund (2), die Schlange (20), den Hasen (25), Ochs und Esel (29) sowie durch Vögel vertreten (2, 19, 27, 28, 44). Auch diese Tiere sind nicht nach der Natur, sondern nach gemaltem Vorbild und eigener Erinnerung gestaltet, ohne genaue Beachtung des Skeletts und der Muskelpartien. Das den Hals beugende Pferd (3) ist ein Bildzitat nach Giottos berühmtem Wandbild. Bei den Vögeln verlangt der Text einen Fasan (26, in Simultandarstellung zweimal gegeben), einen Falken (27) und Lerchen (44). Die Lerchen besitzen zu lange Hälse, farbig zu stark abgesetztes Gefieder und dürften beim Stehen in der Luft die Beine nicht ausstrecken. Am ehesten noch sind Singvögel (19

links unten, 28, 44) von Greifvögeln (19, 27) zu unterscheiden. Aber auch hier gilt, daß dieser Mangel an Naturtreue den modernen Betrachter kaum stören dürfte, da der Schematismus der Formen und das Ornamentale der Anordnung (19, 28, 44) die Bildaussage eher steigern.

Etwa 13 von 184 Miniaturen sind durch Knittern des Pergaments oder Feuchtigkeit unterschiedlich stark beschädigt, so z.B. auch unser Bild 42. Im übrigen ist die Handschrift sehr gut erhalten, eine Freude für jeden, der sie, und sei es nur in Abbildungen, betrachtet. In dieser Ausgabe erscheinen die Bilder freilich bis auf Bild 41 losgelöst vom ursprünglichen Text und könnten sich auf den unbeschriebenen Buchseiten leicht verlieren. Die Miniaturen wurden deshalb einheitlich um ein Viertel vergrößert[10]. Eine stärkere Vergrößerung ist nicht angezeigt, damit die Miniaturen ihren Charakter als Kleinkunstwerke behalten.

Anmerkungen

[1] Benvenuto Bughetti, Vita e miracoli di S. Francesco nelle tavole istoriate dei secoli XIII e XIV, Archivum Franciscanum Historicum 19, 1926, S. 636–732; Henk W. van Os, The earliest altarpieces of St. Francis, in: Francesco d'Assisi nella storia secoli XIII–XV a cura di Servus Gieben, Roma. Istituto storico dei Cappuccini, 1983, Bd. I, S. 333–338; Elisabeth Vavra, Imago und Historia. Zur Entwicklung der Ikonographie des hl. Franziskus auf Tafelbildern des Duecento, in: 800 Jahre Franz von Assisi. Franziskanische Kunst und Kultur des Mittelalters, Ausstellungskatalog Krems-Stein 1982, S. 529–536; Chiara Frugoni (Univ. Pisa), Le tavole istoriate di S. Francesco nel '200, Vortrag im Centro di Studi francescani der Univ. Perugia, 1985.

[2] Gerhard Ruf, Franziskus und Bonaventura. Die heilsgeschichtliche Deutung der Fresken im Langhaus der Oberkirche von San Francesco in Assisi aus der Theologie des heiligen Bonaventura, Assisi 1974; Piero Scarpellini (Univ. Perugia), Il ciclo giottesco nella Basilica Superiore di Assisi, Vortrag (wie Anm. 1) 1985.

[3] Eine erste aufzählende Zusammenstellung einiger dieser Zyklen bei Servus Gieben, Philip Galle's Engravings Illustrating the Life of Francis of Assisi, Rome, Capuchin Historical Institute, 1977, S. 62, Anm. 172; Katalog Krems-Stein (wie Anm. 1) 10.22, 10.25, 10.26, 10.42, 11.07.

[4] Es handelt sich um 49 Miniaturen, die einem „Speculum humanae salvationis" nachträglich am unteren und rechten Rand beigefügt wurden: Ada Alessandrini, Un prezioso codice Corsiniano di origine francescana („Speculum humanae salvationis", c. 1324–30), Miscellanea Francescana 58, 1958, S. 420–483. Es könnte sich bei Textabb. 1 freilich auch um die Begegnung mit dem armen Ritter nach Bonaventura I,6 handeln. Die Bildsprache ist nicht ganz eindeutig.

[5] Jürgen Werinhard Einhorn, Die Holzschnitte des Wolf Traut zur „Legend des heyligen vatters Francisci“ nach Bonaventura, Nürnberg 1512. Ihre Vorlagen und ihr Fortwirken, Franziskanische Studien 60, 1978, S. 1–24; Katalog Krems-Stein (wie Anm. 1) 13.08, 13.09.

[6] Gangolf Diener, Das Große Franziskusleben des heiligen Bonaventura in Bildern, Drittordensverlag Altötting 1968; Einhorn (wie Anm. 5) Abb. 27; Katalog Krems-Stein (wie Anm. 1) 20.09; heute in der Staatsgalerie Füssen.

[7] Paris, Bibl. Nat., Allem. 133, aus der Bibliothek der Franziskanerkonventualen Köln.

[8] Istituto Storico dei Cappuccini, Circonv. Occidentale, 6850, Roma (Aurelio). Eine genaue Beschreibung der Handschrift und ihres Bilderschmucks im Zusammenhang der verwandten Zyklen plant W. Einhorn für die Collectanea Franciscana, Rom.

[9] Manuel R. Pazos, El códice „Archivo Ibero-Americano“ de la Legenda maior de San Buenaventura y otras notas bibliograficas, Archivo Ibero-Americano. Revista trimestral de estudios historicos publicada por los padres francescanos, Segunda Epoca, 34, 1974, S. 5–37.

[10] Ausnahmen lediglich Bild 41 (verkleinert) und Bild 46 (Detailvergrößerung).

Nachweis der Miniaturen

Zu den laufenden Nummern der Abbildungen wird die Fundstelle der Miniatur in der Handschrift angegeben (fol. = Blatt, fol.^{v} = Blatt, Rückseite). Die zugehörigen Kapitel und Abschnitte des Großen Franziskuslebens des heiligen Bonaventura werden jeweils am Schluß der Bildbeschreibungen verzeichnet. Bonaventuras Ausführungen werden gelegentlich in den Text der Bildbeschreibungen hineinverwoben; längere, dann freilich zumeist gekürzte Zitate werden durch Anführungsstriche gekennzeichnet.

1: fol. 26^{v}	11: fol. 37	21: fol. 42	31: fol. 35^{v}	41: fol. 66
2: fol. 9^{v}	12: fol. 17	22: fol. 37^{v}	32: fol. 13	42: fol. 19
3: fol. 10	13: fol. 61^{v}	23: fol. 62	33: fol. 13^{v}	43: fol. 80^{v}
4: fol. 9	14: fol. 68^{v}	24: fol. 55^{v}	34: fol. 33^{v}	44: fol. 81^{v}
5: fol. 14^{v}	15: fol. 23^{v}	25: fol. 48^{v}	35: fol. 35	45: fol. 80
6: fol. 9	16: fol. 20^{v}	26: fol. 50	36: fol. 74	46: fol. 90^{v}
7: fol. 14	17: fol. 21	27: fol. 50^{v}	37: fol. 31	(Detail)
8: fol. 11^{v}	18: fol. 16^{v}	28: fol. 69	38: fol. 32	
9: fol. 15	19: fol. 49^{v}	29: fol. 60^{v}	39: fol. 78^{v}	
10: fol. 16	20: fol. 40^{v}	30: fol. 39^{v}	40: fol. 29^{v}	

Die Reproduktionsgenehmigung für die Textabbildungen gaben die Biblioteca Corsiniana, Rom (Textabb. 1), P. Engelbert Grau, München (Textabb. 2), und die Bibliothèque Nationale, Paris (Textabb. 3).